Andreas Altmann war Dressman, Schauspieler am Residenztheater München und am Schauspielhaus Wien, Jura- und Psychologiestudent, Gärtner, Taxifahrer, Privatchauffeur, Spüler, Kellner, Anlageberater, Straßenarbeiter. Er lebt heute als Auslandsreporter und Reiseschriftsteller in Paris. Unter anderem ist er ohne Geld von Berlin nach Paris gelaufen («34 Tage/33 Nächte»), durch Indien («Notbremse nicht zu früh ziehen») und durch Südostasien («Der Preis der Leichtigkeit») gereist. Zudem hat er Storys aus der weiten wilden Welt unter dem Titel «Getrieben» vorgelegt. Er war unterwegs in Kolumbien, Ecuador, Peru, Bolivien und Chile («Reise durch einen einsamen Kontinent»). Andreas Altmann wurde unter anderem mit dem ‹Egon-Erwin-Kisch-Preis›, dem ‹Weltentdecker-Preis› und dem ‹Seume-Literatur-Preis› ausgezeichnet.

www.andreas-altmann.com

Andreas Altmann

SUCHT
NACH
LEBEN

Geschichten von unterwegs

Rowohlt Taschenbuch Verlag

Veröffentlicht im Rowohlt Taschenbuch Verlag,
Reinbek bei Hamburg, August 2010
Copyright © 2009 by
DuMont Buchverlag GmbH & Co. KG, Köln
Umschlaggestaltung any.way, Cathrin Günther,
nach dem Original des DuMont Buchverlags,
Entwurf von ZERO Werbeagentur, München
(Foto: Uli Reinhardt)
Satz aus der TheAntiqua (InDesign) bei
Pinkuin Satz und Datentechnik, Berlin
Druck und Bindung Druckerei C. H. Beck, Nördlingen
ISBN 978 3 499 25429 1

*Für Jene,
bei der ich zu glitzern beginne,
wenn sie am Horizont auftaucht*

*Für Dietrich Haugk,
meinen verehrten Übervater*

Bulletproof Heart
Grace Jones

Jeder Mensch muss sich verschleißen.
Joseph Beuys

Allzu schnell vergessen wir das,
was wir niemals glaubten vergessen zu können.
Wir vergessen, was wir uns einmal zuflüsterten
und was wir träumten.
Joan Didion

INHALT

Vorwort	13
Sucht nach Leben	16

Verrücktheiten und andere Freuden

Elegant reisen	26
Bilanz eines Losers	28
Blau sein und kichern	30
Höllisch schön	32
Die Mitternachtstaufe	35
Reisen und Lesen	37
Fahrt ins Glück	39
Mein Pariser Café – Fluchtpunkt, Klagemauer, Liebesnest	41

Beruf Reporter

Lügen muss sein	44
Huren und Hirn	48
New York für Anfänger	50

Unter dem Vulkan

Erinnerung an einen Friedensfürsten	54
Einer gegen den Untergang der Welt	59
Wildfremde unter sich	64
Das Crackhouse	67

Zwischenschreie und Notwehr

Unsere neuen Helden	78
Die Zeitspender	83
Mein Freund André	85
Multikulti	87
Der Nichtraucher-Wahn	92
Eine Badewanne in Saigon	94
Aids wütet	96
Vom Elend der Sesshaftigkeit	98
Viele knipsen und einer schaut hin	104

Eros und Spiele

Ah, Kazuki	108
Doktor Sex	111
Ein Männerhirn bei Annäherung eines Frauenkörpers	116
Paris und alle Pariser	118

Reise ins Herz der Dunkelheit

Gütiger Allah und Heiliger Vater	122
Ein Mann mit Flöhen und zwei Männer mit Träumen	125
Die Beichte	127
Frohe Ostern	129
Zwei einsame Frauen	131

Wohltaten und Niederlagen der Sprache

Verse schmieden, Rache schmieden	138
Hosni, der Einluller	141
Denkmal für Meuchler	144
Vom Glück, ein Lektor zu sein	146

Der Weg ins Freie

Von der Unerträglichkeit der Stille	152
Zu Fuß	157
Wellness für Doofe	160
Ein zahnloser Held und ein nackter Heiliger	162
Der Heilige Stuhl	164
Crazy Love	168
Das Ende einer Glotze	170
Stille und goldenes Kalb	172

Schafsnasinnen und Schafsnasen

Nachrichten aus der Bimbowelt	176
Ein Albtraum, später ein zweiter	179
Nichts für Gutmenschen	181
Reisen im Jahrhundert der Schlafmützen	184
Weltreisender und armes Würstchen	186

Rätsel und Fassungslosigkeiten

Mütterchen Russland	190
Asien für Anfänger	193
Zwei afrikanische Wunder	195
Andere Länder, anderer Sex	198
Schwul oder nicht schwul	200
Einmal Gemetzel, einmal Liebe, einmal schonungslos	203
Die Achse der Fetten	205
Die Nacht, in der ich Gott war	208

VORWORT

Ein gewisser Simeon Stylites, etwa 390 nach unserer Zeitrechnung geboren, saß siebenunddreißig Jahre auf einer Säule. Von dort schrieb er Briefe und Reden. Bis er am 2. September 459 starb. Heute ist er vergessen und doch in aller Munde. Der asketische Sonderling erfand die «Kolumne» – von lateinisch columna/Säule – und gelangte somit, für immer unsterblich, in unseren Wortschatz.

Der Mann war klug genug und kam ein halbes Leben lang mit ein, zwei Quadratmetern aus. Dadurch unterscheidet er sich von einem Reporter neuerer Zeiten. Der scheint weniger klug, weniger wissend. Braucht er doch die ganze Erdkugel, um den Stoff zu finden, von dem er anderen erzählen will. Dennoch, das Verzichten, das Sonderliche, das haben der Säulenheilige und die Weltreisenden gemeinsam. Immer stillsitzen und den Kopf nach eigenen Gedanken ausleuchten scheint so anstrengend wie immer den Ranzen zu schnüren und loszujagen. Auf seltsame Weise, so ist zu vermuten, treibt sie dieselbe Sehnsucht: die Sucht nach Leben, nach Intensität, ja die schöne wahnwitzige Idee, etwas zu erfahren vom Vielerlei, vom Allerlei der Welt. Der eine aus der Vogelperspektive in achtzehn Metern Höhe, der andere in Augenhöhe mit allen, die ihm begegnen. «Jeder Mensch ist mein Niveau», hörte ich einmal einen amerikanischen Schriftsteller sagen. Das ist ein bravouröser Satz, er ist vollkommen wahr.

Zuerst hieß der Untertitel dieses Buches nicht «Geschichten von unterwegs», sondern «Anschläge von unterwegs». Ein kleines Wortspiel. Anschlag als Tippen auf der Tastatur, und Anschlag als Attacke auf andere. Nicht auf ihren Leib und ihr Leben, doch auf ihre Gedanken und ranzigen Gewohnheiten. Ein Buch als Störenfried. Um die Friedhofsstille in unseren Köpfen zu verscheuchen, um uns wieder an den Witz «ewiger Wahrheiten» zu erinnern, um uns einzubläuen, dass uns nichts anderes sicher ist als dieses eine Leben. Wie sagte es Franz Kafka: «Ich glaube, man sollte überhaupt nur solche Bücher lesen, die beißen und stechen.»

Nun denn, wir anderen Schreiber, die nie Genie waren und nie eins werden, müssen uns bescheiden. So habe ich nur einen Teil von «Sucht nach Leben» mit dem Presslufthammer geschrieben, die andere Hälfte soll verzaubern und – wieder und wieder – vom Reichtum der Welt erzählen. Von den wunderbar wunderlichen Versuchungen und Belohnungen, die sie für jeden Welthungrigen bereithält. Schreiber und Leser als Goldgräber und Schatzjäger. Und die Sprache als Mittler, als Verbündete zwischen allen, die hungern und dürsten. Dabei könnte uns ein zweites Genie beistehen, Miguel Cervantes, der Verfasser des Don Quijote: «Die größte Dummheit scheint, das Leben so zu sehen, wie es ist, und nicht, wie es sein sollte.»

Noch etwas. Damit kein Missverständnis verstört. Der Autor ist keine moralische Anstalt, kein «gutes» Beispiel. Nichts schläfert erfolgreicher ein als Moralpredigten. Weil sie voraussehbar sind, nie überraschen. So schreibe ich zuallererst für mich. Um die eigenen Hohlstellen, Übel und Feigheiten zu entdecken, ja auszuhalten und – wenn irgendwann genug Kraft und Entschlossenheit vorhanden – zu überwinden. Oder zu lernen, die Niederlagen hinzunehmen. Ich schreibe, wie ich lese. Sprache – die eigene oder die fremde — soll mir helfen, nicht aus der Welt zu fallen. Dem Leser, vermute ich mal, ergeht es ähnlich. Auch jenem, der keine Zeile schreibt.

Als Letztes ein konkretes Beispiel. Jemand erzählte mir, dass Elke Heidenreich sich einst bei Biolek als krebskrank geoutet hatte. Ich reagierte unwirsch, ich mag es nicht, wenn Zeitgenossen ihre Leberzirrhosen, Menstruationskrämpfe oder Metastasen öffentlich, via bunten Abend, ausbreiten. Irgendein Schamgefühl hindert mich daran, solche Beichtstunden aufregend zu finden. Ich erfuhr aber noch, dass Heidenreich einen Grund für ihr Tun angab: Sie wolle anderen Mut machen, denen ihr Körper Vergleichbares zumutet. Damit sie nicht einknicken, sondern den Kampf gegen den potenziellen Killer aufnehmen. Das imponierte mir sofort, klang schlüssig und menschennah. Und ich sah die Parallele zwischen jenen, die Bücher schreiben, und jenen, die nach ihnen suchen. Einer erzählt dem anderen von seinen Wunden und Träumen. Das hilft, ich schwöre, allen beiden.

SUCHT NACH LEBEN

Fahrt von Seoul in den Süden, zum Meer. Der vollbesetzte, leise Bus. Die Koreaner schliefen, waren müde vom *Chusok*, dem Erntedankfest. Ich blickte hinauf zum strahlenden Vollmond. Keiner wachte zuverlässiger über meine Schlaflosigkeit. Frühmorgens erreichten wir Pusan, die Hafenstadt. Ich wollte an Bord, wollte rüber nach Japan.

Beim Gedränge vor der Passkontrolle fiel mir ein Mann auf. Er drängelte nicht. Mittelgroß, kurze Haare, ein grauer Überwurf mit einer Schnur als Gürtel, die nackten Füße in den Sandalen. Sein heiteres, intelligentes Gesicht, in der linken Hand hielt er ein Bündel, sein Gepäck. Asiaten sehen immer jünger aus, als sie sind. Ich vermutete Mitte dreißig. Ich ließ ihn nicht aus den Augen.

Nach dem Abendessen, wir waren bereits unterwegs, sprach ich ihn an, bat ihn an meinen Tisch. Ohne Zögern nahm er Platz und stellte sich mit dem Namen Sota vor. Über Kioto wollte er zurück in die Staaten, in Vermont leitete er einen «Sangha», ein buddhistisches Zentrum. Er sprach gleichmütig, ohne Prätention, erzählte vom Tagesablauf im Kloster, von der strengen Disziplin. Dann verstummte er, blickte hinaus auf die See, deren Wellen heftiger wurden. Die Ober verteilten Tüten an die Passagiere. Irgendwann sagte der Mönch: «Nicht reden tut gut», Pause, Geduldspause, dann: «Der Weg ist das Ziel.»

Uff, die Kalendersprüche des Meisters. Meine Begeisterung flaute ab. Die Phrasen hätten von Paulo Coelho stammen können, der als orientalischer Klosterbruder vermummt aus dem Schatzkästchen seiner innig gehorteten Albernheiten plauderte. Musste man sieben Stunden täglich meditieren, um das herauszufinden? Dass nicht reden guttut? So gut eben wie bisweilen reden. Weil im rechten Moment den Mund aufmachen heilen kann und schweigen das Leid nur vergrößert. Was für ein esoterisches Geraune, was für ein Gehabe, Sätze loszulassen, die – auf den Kopf gestellt – nicht minder stimmten. Ach – noch furchterregender – das Gesülze vom «Weg als das Ziel». Tausendmal nein. Hält einer, bitte, einmal inne und hängt den Satz in die Höhe, hoch genug, um ihn in seiner ganzen Dümmlichkeit zu betrachten.

Ich war vor zwei Monaten von Europa hierher gereist, weil ich ein Ziel hatte, weil mein Kopf vor Sehnsüchten platzte, die er leben wollte, weil ich bestimmte Männer und Frauen treffen wollte, weil mich – es ging mir schlecht, ich suchte einen Ausweg, ich suchte einen Beruf – nichts anderes trieb, als ein Ziel zu finden, das ich imstande war zu erreichen. (Und dann das nächste, und dahinter wieder eins.) Ich wollte zielen und treffen. Mich nicht immer – wie bisher – *ziellos* auf den Weg machen, den berühmten, der kein Ziel haben soll. Ja, zugegeben, auch ich hatte diesen Nonsens nachgeleiert. Geistlos, ergriffen, beeindruckt vom ätherischen Weihrauch, mit dem der Satz daherkam. Was für ein Merkspruch für Nieten, die nie dort eintreffen, wo sie eigentlich – hinter all dem erhabenen Dusel, mit dem sie ihre Halbherzigkeiten rechtfertigen – eintreffen wollten.

Dem röchelnden Herzkranken in einer Ambulanz, die im Stau nicht weiterkommt, rufe ich beschwingt zu: «Don't worry, relax, nicht das Krankenhaus ist das Ziel, nein, der Weg dorthin!» Und dem Aids-Verseuchten klopfe ich generös auf die Schulter: «Hey, Abkratzer, du lernst es auch nicht! Nicht das Medikament ist wichtig, sondern die vielen Jahre zu seiner Entdeckung!» Und dem nächsten Hungerspecht, dem ich in Afrika begegne, will ich eine Lektion erteilen: «Mensch, Skeletti, genieße den Weg zur Hirsesuppe! Sie wird kommen oder nicht, Hauptsache, du bist unterwegs!» Und der Fünfundzwanzigjährigen, die sechs Jahre als Bedienung jobbte, um sich ihr Medizinstudium zu finanzieren, schreibe ich nach dem verfehlten Examen einen Trostbrief: «Liebe Adele-Bernadette, lass los! Auch Kellnern kann schön sein, auch dort wird deine Buddha-Natur knospen und gedeihen!»

Nichts als die reine Idiotie. Der Röchler will sein Herz zurück, der Infizierte sein Immunsystem, der Afrikaner ein Gefühl von Sattsein und die Durchgefallene hasst Bierkrüge schleppen und will als Ärztin ihr Geld verdienen. Sie alle, ohne Ausnahme, machten sich auf den Weg, um ans Ziel zu gelangen. Ohne ein Ziel wären sie nicht losgegangen. Das Ziel ist das Ziel. Jetzt stimmt der Satz.

Nicht um ein Jota anders bei mir. Ich war nach Asien aufgebrochen, weil ich noch immer nicht wusste, was aus mir werden sollte. Ich fuhr noch in einem Alter Taxi, in dem andere bereits ihre Vorfrührente verhandelten, hatte den Job (und mich) jede Nacht widerwärtiger gefunden, hatte bereits in zehn anderen Berufen bewiesen, dass ich für keinen taugte, dass keiner imstande war, mir einen Hauch von Erfüllung und Freude zu verschaffen. Hatte inzwischen als Spüler, Privatchauffeur, Anlageberater, Straßenbauarbeiter, Buchklub-Vertreter, Nachtportier, Dressman, Postsortierer, Parkwächter und Fabrikarbeiter gejobbt. Ohne Vergnügen, ohne Zukunft, ohne einen Funken Hingabe.

Ich hatte genug vom Weg, ich wollte mein Leben in den Griff bekommen, wollte einen Platz finden, der meinen

Ansprüchen und Hirngespinsten entsprach. Natürlich jagte mich nebenbei die Angst, dass die Talente nie reichen würden für das andere, das geträumte Leben. Aber meine Hybris war penetranter als meine Ängste, ich bestand darauf: Ein Ziel musste her, ein Hit, das berauschende Gefühl, dass ich existierte.

All das stürzte jetzt wieder auf mich ein, als Mister Sota seinen spirituellen Stuss vor mir ausbreitete, diese miefen Phrasen, die wie Nullen daherkamen und wie Nullen hinterm Perlmutterdunst verpufften. Seine zwei Sätze reichten, und alle Wunden sprangen wieder auf, alle Narben bluteten von neuem, alle Wut auf mich (und die Welt) kam zurück.

Etwas Seltsames passierte. Und ich weiß bis heute nicht, ob der Mönch mich nur provozieren, nur wissen wollte, wie ich auf seine Plattheiten reagieren würde. Was ging in ihm vor, als wir schweigend am Tisch saßen? Hatte er mein wütendes Gesicht gesehen? Meine wütenden Gedanken gelesen? Meinen Überdruss gespürt? Jedenfalls ergriff er plötzlich meine linke Hand und sprach den aberwitzigen Satz: «Du wirst leiden, um dich zu finden.»

Das gefiel mir sogleich, die sieben Wörter waren pathetisch und wahr. Und schleuderten mich erneut zurück in einen Strudel von Rückblenden. Ich wollte immer glauben, dass ich das war – vielleicht war –, was die englische Sprache mit dem schönen Wort «latebloomer» bezeichnete. Ein Spätblüher, ein Spätzünder. Einer, der länger brauchte als andere, länger irrte, sich irrte. Aber doch irgendwann den Zweck in seinem Leben erkennen würde. Das, was endlich Sinn stiftete, ihn rüstete. Frühbegabte sahen anders aus, sie kamen mit dem Schraubenschlüssel oder einem Saxophon auf die Welt, wussten von Anfang an, wohin sie gehörten. Ich nicht. Nach der Reparatur eines Irrtums bereitete ich den nächsten vor. Ich hetzte von einer Niederlage in die nächste. Ich wollte – neben den Jobs – Radrenn-Profi werden (Rennräder gekauft, Rennen gefahren), dann Mister Body Building (Hanteln, Bullworker und Drückerbank gekauft, Verein beigetreten), dazwischen ein Gitarren-Gott (Gitarren gekauft, Stunden genommen), hinterher ein Schlagzeug-Gott (Schlagzeug gekauft, Autodidakt), anschließend Popstar werden (Band gegründet und von ihr gefeuert worden) und zuletzt Filmschauspieler (Schauspielschule besucht, an Theatern gespielt, TV-Rollen, wieder gefeuert). Ich wollte drei Studien auf einmal (mich an verschiedenen Universitäten immatrikuliert), ich wollte alles und wurde nichts. Ich war entweder Letzter oder Vorletzter. Oder noch trüber, nur Durchschnitt, nur einer von vielen.

Mag sein, dass ich leiden würde. Weiterhin, noch immer. Klar war, dass ich bis zu diesem Abend, mitten auf dem Japanischen Meer, schon reichlich gespendet hatte. Die Liste der Ausweglosigkeiten war lang, der Demütigungen, der Sackgassen, der Tage und Nächte, an denen ich mein Leben als Loser aushalten musste. Dabei begannen früh die Rettungsversuche. Schon als Elfjähriger trat ich meine erste Therapie an, auf dem Überweisungsschein stand: «Schwererziehbarkeit». Mir gefiel das Wort, irgendwie plusterte es mein Ego. Ich Narr, wäre mir bewusst gewesen, was auf mich zukam, ich hätte kleinlauter reagiert. Andere Therapien folgten, über zwei Jahrzehnte, auf verschiedenen Kontinenten. Immerhin hatte ich begriffen, dass trotz der Kinnhaken und Fallen eine Kraft in mir loderte, die von den Pleiten nichts wissen, die noch immer nicht wahrhaben wollte, dass ich am Endpunkt meines Glücks und meiner Begabung angekommen war. Die renitent sich sträubte. Diese Sucht nach Leben, die hatte ich schon. Sie schien immer da.

Sota ließ meine Hand los. Mir war, als hielte er sie genau so lange, wie die Erinnerungen durch meinen Kopf brausten. Er sagte ruhig: «Du kannst mir drei Fragen stellen.» Ich ertappte mich dabei, trotz der Überraschung, dass ich keinen Atemzug lang zögerte und sofort startbereit war. Kein Wunder, denn ich stellte sie mir jede Stunde. Ich sagte noch, dass ich nur *eine* Frage hätte, nur eine einzige. Von ihr hinge alles ab. Sota nickte nur, und ich legte los: «Wird mein Leben so, wie ich es will, kreativ, werde ich das tun, was ich liebe, was mich erfüllt?» Und der Buddhist antwortete trocken und umweglos mit «ja», schloss kurz die Augen und setzte nach: «Allerdings unter zwei Bedingungen, die erste: Du musst schreiben. Mag sein, dass du in deinem früheren Leben schon einmal mit Sprache zu tun gehabt hast. Vielleicht als Prediger, als Wandermönch. Möglich, dass du als Ketzer verbrannt worden bist. Ich spüre viel Hass in dir. Zweitens, du musst lernen, deine Einsamkeit auszuhalten. Oft ist deine geistige Verfassung zwiespältig und schwach. Dann flüchtest du in Sex. Halte das Alleinsein aus, setze es schöpferisch um. Trödle nicht, bis zu deinem nächsten Geburtstag muss ein Buch von dir erscheinen.»

Irritiert blickte ich auf den Koreaner. Woher wusste er, dass ich schreiben wollte? (Auch das noch!) Seit ich in Pusan angekommen war, hielt ich kein Blatt Papier in Händen, keinen Notizblock, keine Seite Buch, nichts, was irgendeinen Rückschluss erlaubt hätte. Woher kannte er meine Wut? Meine Bereitschaft, vor jeder Herausforderung – sobald das Strohfeuer verglüht war und die tatsächlichen Forderungen auftraten – davonzurennen? Erstaunlich auch sein Hinweis auf die Deadline. Immerhin noch elf Monate, um rechtzeitig das Orakel zu erfüllen.

Jetzt hätte ich viele Fragen gehabt, aber Sota verwies auf

die späte Stunde, stand auf, verbeugte sich und verließ den Speisesaal. Das war ein guter Abgang, stilsicher und mysteriös. Keine Diskussionen jetzt, keine Erklärungen, keine Fußnoten.

Eine Viertelstunde später machte ich mich auf den Weg nach unten, zum Schlafraum. Über hundert Leute übernachteten hier, ein paar flüsterten noch. Ich rauchte, durch die Fenster fielen die hellen Strahlen des Monds. Ich fand keine Ruhe, kletterte zurück aufs Deck, schlenderte zum Bug. Die warme Brise, das märchenstille, hell glänzende Meer, das Gleiten des Schiffs. Woody Allen wusste es so genau: «Was wäre ich glücklich, wenn ich nur glücklich wäre.»

Ganz vorne, neben der Ankerwinde, sah ich den Mönch sitzen, ein Schatten, nicht eine Bewegung. Dieser Mensch tat das, was er wohl am besten konnte, er meditierte. Mir fiel wieder ein, dass ich auch etwas können wollte, was ich am besten konnte. Noch fünf Stunden nach Japan.

Erstes Nachwort. Ein knappes Jahr später lud ich meine Freunde ein. Ich trank, um mich zu beschwichtigen. Um Mitternacht entnahm ich einem schmalen Paket – es kam an diesem Morgen per Express – ein Buch. Der Absender war ein Verleger, das Buch hatte ich geschrieben, und seit ein paar Minuten feierte ich meinen Geburtstag.

Zweites Nachwort. Ich denke noch immer mit Dankbarkeit und Staunen, auch mit einem Grinsen, an Sota. Weiß noch immer nicht, ob er ein gerissener Hallodri oder ein «Seher» war. Fest steht, alles hat er nicht gesehen. Oder wollte nicht alles sehen. Aus Taktgefühl? Aus Blindheit? Wie auch immer, es kam der Moment, in dem ich stark genug war, um zu begreifen, was ich produziert hatte: ein mäßiges Buch, stichig vor Selbstmitleid, humorlos, voller «Bekenntnisse», die ich heute nur noch unter Androhung einer Enthauptung riskieren würde. Und der Mönch war freundlich genug, mir ebenfalls die Information zu unterschlagen, dass ich bald Geld hinlegen musste für den «Druckkostenzuschuss» und wieder Geld, um die Drucksachen eines Tages ordnungsgemäß verramschen, nein, einstampfen zu lassen. Ja, mir die knallharte Wahrheit verheimlichte, dass der «Verleger» wegen mir den Verlag gründen und wegen mir – das war unser gemeinsames Schicksal – pleitegehen würde.

Drittes Nachwort. Heute bin ich auch dem Flop dankbar. Denn auf den vielen Seiten, überladen mit verbalen Schandflecken und inbrünstigem Pathos, gab es ein paar halbe Seiten, die «stimmten», die den Weg Richtung Notausgang wiesen und radikal mit allen Alternativen aufräumten. Ich erkannte auf den hundert oder zweihundert Zeilen, dass mir nichts anderes mehr blieb als zu – schreiben. Dass ich keinen Broterwerb entdeckt hatte, sondern das einzige Vehikel, mit dem die Chance bestand, *davonzukommen*. Mit eben dem Elegantesten, was wir je erfunden hatten. Mit der deutschen Sprache: als Giftschleuder gegen alles, was verwundete, als Rettungsboot, als Fallschirm, als Lungenmaschine, als Sauerstoffgerät, als Trostpflaster und Schlupfloch, als Tarnkappe und fliegender Teppich, als Hauptnahrungsmittel und Droge.

VERRÜCKTHEITEN
UND ANDERE FREUDEN

ELEGANT REISEN

«You, Mister!», wie ein Tomahawk landete der Satz in meinem Rücken. Ungerührt ging ich weiter, ich hieß nicht *You Mister,* ich wollte nicht gemeint sein. «You, Mister!», der zweite Tomahawk sauste. Aber auf geheimnisvolle Weise landete er sanfter, wie ein Versprechen. Gegen alle Gewohnheit drehte ich mich um, und da stand er, zehn Schritte weit weg, lieb, bauchig, lächelnd.

«My name is Sandy, please come in!» Sandy, der Schneiderladen-Besitzer und Lockvogel. Da ich in Paris lebe, habe ich den absoluten Blick für schlecht sitzende Männerhosen. Erbarmungslos zoomte ich auf des Verführers Nähte, das verräterischste Zeichen für Schluder und Unbegabung. Aber sie saßen, Sandy trug ein Meisterwerk, beruhigt trat ich ein.

«Entweder man hat eine gute Figur oder einen guten Schneider!», sagen sie in Manhattan. Ich befand mich gerade in einer Seitenstraße von Bangkok und wusste plötzlich, dass nur noch vierundzwanzig Stunden fehlten, bis ich endlich ungeniert über die Fifth Avenue flanieren durfte. Ich fand ein sexy Grau, blätterte im *L'UOMO*, dem italienischen Modemagazin, das lässig herumlag, fand den schönsten Mann und legte den Finger auf seine römischen Schultern: «This one, please!» Der Herrliche trug einen Zweireiher, der in Bälde mir gehören sollte. Sandy, ganz aufgeregt: «Good choice, let's do the fitting.»

Während der *Master Tailor* behände alle Gliedmaßen abmaß, fluteten ein paar Bilder durch meinen Kopf. Auf geheimnisvolle Weise schienen sie dafür mitverantwortlich, dass ich jetzt vor einem Spiegel stand und elegant aussehen wollte. Vor zwei Tagen hatte ich mich noch in Phuket befunden, einem der inoffiziellen Open-Air-Puffs Thailands. Kurz zuvor hatte (auch) hier der Tsunami den Strand verwüstet. Ich war angereist, um einen vermissten Freund zu suchen. Dreihundert Meter und sechsunddreißig Stunden von der Verwüstung entfernt hatte sich die Spaßguerilla schon wieder erholt. Disco-Pop dröhnte, und viele (weiße) Dicke führten ihre nackten Ranzen spazieren, während neben ihnen – händchenhaltend mit den Massigen – die einheimischen *working girls* stöckelten.

Allmächtiger, was las man nicht in der Presse über das männliche Geschlecht, das sich nun sputete, die Frauen in Sachen Body-Wahn einzuholen. Dass auch Männer angefangen haben, weltweit Hundert-Millionen-Beträge in die Verschönerung ihrer Oberfläche zu investieren. Mag alles stimmen, aber hier war dieser Trend noch nicht ausgebrochen. Man wollte die Nonchalanten fast beneiden um die Mühelosigkeit, mit der sie ihren Wanst in der Öffentlichkeit vorführten.

Als ich am nächsten Nachmittag ein zweites Mal den *Master's Shop* verließ, war ich das, was die Manhattaner einen «sharp dresser» nennen. Der Zweireiher saß wie aufgebügelt. Lang lebe Sandy, er zieht Männer an, er verschönert die Welt.

BILANZ EINES LOSERS

Kundar sagte fürsorglich: «Achtung, Betrüger in der Stadt.» Der Satz fiel in Asien, aber er passt zu jedem Erdteil. In seiner Stadt, so berichtete der Germanistik-Student, näherten sich Männer einem Ahnungslosen und versprachen listig: «Komm mit, ich habe eine Schwester, die in deinem Land studiert.» Und manövrierten das Opfer an einen Ort, wo sie dem freudig Erregten versprachen, die Wartezeit mit einer Tasse Tee (voll Schlafmittel) zu verkürzen. So lange verkürzen, bis der arme Teufel geplündert wieder aufwachte.

Der umsichtige Kundar, ach seine vergebliche Fürsorge. Denn bei den hiesigen Temperaturen würde mir bisweilen die Konzentration verlorengehen, würde ich auf so manchen Filou hereinfallen und so manchen Heiligen übersehen.

Trotzdem, an vielen Stellen war ich unverwundbar. Unverführbar. Denn auf Reisen kaufe ich nichts, nur Essen und Trinken, nachtweise ein Bett, investiere in Schmiergelder für den Schaffner, um einen letzten Sitzplatz zu erhalten, verwende woanders die Scheine zur Erpressung, erpresse Storys, kaufe zwei Bustickets und lasse nur einen Zeitgenossen neben mir Platz nehmen, der verspricht, eine Geschichte zu erzählen. Immer will ich Vergängliches einkaufen, nie Souvenirs, nie ein Ding, das man schleppen muss, das behütet, abgestaubt, ja, bewacht werden muss. Nie habe ich ein Eigenheim besitzen wollen, nie einen Quadratmeter Land, nie eine «Immobilie», nie etwas Unbewegliches. Meine Andenken, meine Erinnerungen sind virtuell, mehr oder weniger konfus auf mein Herz, meine Großhirnrinde und die Festplatte meines Mac verteilt.

Ich wäre gern jener, den der palästinensische Publizist Edward W. Said «einen Intellektuellen» nannte, «der wie ein Schiffbrüchiger *mit* dem Land zu leben lernt, nicht *auf* ihm. Nicht wie Robinson Crusoe, dem es darum ging, sein kleines Eiland zu kolonisieren, sondern eher wie Marco Polo, den niemals der Sinn für das Wunderbare verließ und der immer ein Reisender war, ein zeitweiser Gast, kein Beutemacher, kein Eroberer, kein Aggressor.»

Kundar nannte Typen wie mich einen «no-issue-man», einen Ohne-Ergebnis-Mann, einen eben, der nichts für die Gesellschaft geleistet hatte. Kein Haus hochgezogen, keine Großfamilie gegründet, ja nicht *einen* Sohn vorzeigen kann. «Leben heißt zeugen», meinte der Dreiundzwanzigjährige. Er meinte es barsch und ungeduldig. Mit der Liebe zur deutschen Sprache hatte der junge Kerl die Liebe für schwerwiegende Gedanken verinnerlicht. Dennoch gelang uns ein heiterer Abschied, jeder mit seinen Träumen im Kopf. Kundar wollte die Einehe, die Windeln aufhängen, die lebenslangen Ratenzahlungen. Ich will die Leichtigkeit, den Swing, die schöne Nutzlosigkeit.

BLAU SEIN UND KICHERN

Eines Nachmittags schlenderte ich durch den *El Khalili Bazar* in Kairo. Verschlungen, riesig, hinter jeder zweiten Ecke lauerte eine Überraschung. Und diesmal, es war mein dritter Besuch, erwischte es mich. Denn Fahti hatte ein Auge auf mich geworfen, sogleich verriet er: «You are someone very special.» Nicht wie alle anderen wäre ich, er wüsste Bescheid: «Ich sah dich, ich kannte dich.» Fahti, das Schlitzohr, sein bravouröser Eröffnungssatz diente als erste Breitseite, um den potenziellen Kunden weichzuklopfen. Nach siebzehn Umwegen hatte er mich dorthin manövriert, wo er mich haben wollte. In seinem *Box Shop,* einem Sammelsurium verschieden kleiner Holzkisten.

Sieben *Golden Books* lagen herum, die Odensammlung einer höchst zufriedengestellten Kundschaft. Bevor ich sie durchblättern durfte, erwähnte Fahti vertraulich, dass eine «letzte handgemachte Originalschatulle noch vorrätig wäre». Ich blätterte und sah lauter Opfer mit letzten handgemachten Originalschatullen. Neben den Fotos standen ihre fröhlich gekritzelten Dankesschreiben. Verführer Fahti lächelte scheinheilig bescheiden. Martin A. aus Berlin gestand: «Zuerst dachte ich, mein Gott, wieder einer dieser Abzocker, aber einem Holzkästchen konnte ich dennoch nicht widerstehen. Doch jetzt kann ich echt nichts mehr schleppen.»

Ich blieb standhaft, eisern standhaft. Obwohl Fahti alle Register zog und zu allen Mitteln griff, um mich zu versuchen. Tee gab es, die Wasserpfeife, drei Runden Hasch, ein Sonderangebot, einen Superkredit, «all creditcards accepted», nein, «all currencies accepted», ja zuallerletzt der bedrohliche Hinweis, dass die einzig noch verfügbare handgearbeitete Schatulle «in einer Stunde weg sein könnte».

Das war geschwindelt, denn um diese Zeit saß ich noch immer auf dem Sofa, jetzt blau wie Fahti vom Dattelschnaps. Zuletzt tränten uns die Augen, denn im *Golden Book Number five* entdeckten wir Doris L., die begeistert notiert hatte: «Viel Glück gehabt. Beim freundlichen Fahti, der auch deutsch spricht, eine letzte handgearbeitete Originalschatulle erstanden. Genau das passende Geschenk für Alf.»

Als der englische Schriftsteller T. E. Lawrence nach seiner Zeit als *Lawrence von Arabien* nach Europa zurückkehrte, wurde er gefragt, was er am innigsten vermissen würde. «Die Freundschaft, die Gastfreundschaft.»

HÖLLISCH SCHÖN

Als ich nach Mitternacht um ein Häusereck eilte, stand ein Mann mit leprafaulen Händen im Weg, die Arme ausstreckend und «Ram, Ram» krächzend. Er zeigte sein verdorbenes Fleisch als Beweis für die Heimsuchung, die über ihn gekommen war. Und Lord Ram, sein mächtiger Gott, sollte jeden zur Übergabe von Geld überreden. Eine Straßenlampe flackerte auf das Gesicht des Krüppels. Ich brannte ein Zündholz ab und steckte ein paar Scheine zwischen seine Fingerstumpen. So dunkel waren sie.

Mitte des 17. Jahrhunderts entstand das heutige Old Delhi. Bisher wurde keine Sprache erfunden, um den Schlund zu beschreiben. Im Red Fort, dem Wahrzeichen, ließ der Bauherr damals in die Mauern meißeln: «Gibt es ein Paradies auf Erden, dann ist es das, dann ist es das, dann ist es das.» Nicht weit davon entfernt kritzelte ein Besucher des 21. Jahrhunderts: «If there's hell on earth, it might be here, it might be here, it might be here.»

Beide Sätze erzählen von der Wirklichkeit. Old Delhi gilt als Ort schwindelerregender Daten. Zwei Millionen indische Menschen und indische Tiere wimmeln auf fünf Quadratkilometern Erde. Zuwachsrate: rasend. Ächzende Schimmelbuden und rindviehverschissene Gassen, Verkehrsorgien, ein Drogennest, Hinterhofprostitution, Steinzeitarbeit, das zum Himmel schreiende – ja sie schreien es – Unglück kaputt geborener Zombies.

Wer sich herwagt, sollte sich vorher wappnen. Um die Seitenblicke in die Hölle zu bestehen. Hat einer Glück, betritt er zwischendurch das Paradies. Hat einer viel Glück, betritt er es immer wieder.

Ich kam bei Moraji vorbei. Ich war kaltblütig und bat um eine Rasur. Hinterher schien der «Master of Hairdressing» beleidigt. Weil ich keinen Haarschnitt verlangte. «Wenigstens ein bisschen Pomade?», meinte er. Sein sardonisches Lächeln hätte mich warnen sollen. Der Mann verdingte sich nebenberuflich als Kopfjäger, Catcher und Dominateur, warf einen Batzen braunen Talg auf die Schädeldecke, walkte sie mit seinen zehn glitschigen Fingern, mangelte die Schläfen, presste die Stirn, fegte die Nasenlöcher, zupfte die Lider, bog die Ohren, stocherte nach Schmalz, packte blitzschnell mit beiden Händen den Kiefer, riss Kunde und Kopf nach rechts, wiederholte den Trick nach links, kümmerte sich einen Dreck um das Angstgurgeln seines Opfers, nahm es zuletzt in den Schwitzkasten und platzierte einen kantenscharfen Genickschlag: «Finish!» Während ich dachte, ich bin tot, griff ich umgehend nach meinem Kopf. Er war noch da. So leicht, so schwerelos fühlte er sich an. Unfassbar, an welch abstrusen Orten das Glück ausbrechen konnte. *Moraji's Barber Palace* bestand aus einem Stuhl zwischen zwei geparkten Autos.

Oft überkam mich ein schlechtes Gewissen. Weil es mir gutging, zu gut, um es leichtsinnig und dankbar auszuhalten. Balbir winkte mir. Er und seine Freunde arbeiteten auf der Wiese hinter dem Rathaus. Als Masseure. Dreimal hatte ich der Versuchung widerstanden, diesmal wollte ich schwach sein und legte mich ins Gras. In Unterhose. Nur ein paar Schritte von uns entfernt zogen die sieben Todsünden der Menschheit vorbei. Der Krach und die Giftwolken waren untrügliche Zeichen, dass wir dem Untergang Old Delhis nicht entkommen würden. Aber jetzt war jetzt. Zudem wirtschaftete Balbir hier, sprich, das Genie Indien holte aus und der «magician of skin», so prahlte er wortwörtlich und wahrhaftig, würde «meinen Leib verzaubern».

Der schmerzhaften Vollständigkeit wegen sei noch erwähnt, dass der siebenfache Familienvater ihn, den Body, zunächst verfluchte. Kaum griffen seine Schlächterhände nach ihm, hörte ich mein Skelett rumpeln, Balbir hatte den Kampf aufgenommen, quetschte den Leib, streckte ihn, schrumpfte ihn, schrubbte und schuppte die trägen Muskeln, melkte Arme und Beine, bohrte sich mit den Knien in meine Hinterbacken, verrenkte die Füße, rastete sie wieder ein, pflanzte den eigenen Hintern auf meine Lendenwirbel, wetzte damit entlang des Rückens und beschloss irgendwann, nicht zu früh, den aufgewühlten Körper zu glätten, zu besänftigen, ja in eine seligmachende Bewusstlosigkeit zu befördern. Warm, sacht, schonend. Mit zauberischen Händen.

Vor der Ohnmacht fiel mein Blick noch auf das Schild eines «Sex-Specialist». Ich grinste dankbar. Gestern nahm ich die Dienste des Experten in Anspruch. Der Check-up bei Mister Singh war ein Traum. So lustig konnte Sex sein, wenn einer den eingebildeten Kranken und der andere den eingebildeten Doktor spielte. Lachend war ich davon. Mit dem festen Versprechen, Old Delhi nicht aus den Augen zu verlieren. Denn jeder Reisende wird an diesem Ort belohnt. Er muss sich nur trauen, in die Hölle, in den Himmel.

DIE MITTERNACHTSTAUFE

«Let me save you!», gellte es herüber. Der Mensch musste mich meinen, da ich gerade Fotos bloßer Frauenbrüste durch die Schaufenster eines Sexshops betrachtete. Es gellte ein zweites Mal, dringlicher. Ich drehte mich um und sah auf dem Bürgersteig gegenüber einen schwarzen Gottesmann stehen, direkt im Schein einer Straßenlampe. Die breite Goldkette über der breiten Brust, breitbeinig, die hochgestreckte Bibel. Der Typ verströmte ein bravouröses Selbstvertrauen.

Tatzeit: Kurz nach Mitternacht. Tatort: Marathon, die *Business City* auf halbem Weg zwischen Miami und Key West. Ich eilte zu ihm hinüber, verlangte es mich doch jäh nach Rettung und Hingabe. Im Ernst. Das Kaff war ein viereckiger Albtraum, ein in Beton gegossener Pavianarsch. Schon der Anblick von so viel Hässlichkeit forderte geistlichen Zuspruch.

«Reverend» Donald drückte mich mit beiden Armen an seine vergoldete Brust. Die Geste hatte etwas Väterliches, sogleich beschloss ich, nie nein zu sagen und alles zu glauben, was man mir in dieser lauen Floridanacht einredete.

Mister Donald fragte nach meinem Namen, presste mir seinen rechten Daumen gegen die Stirn und jagte einen fliegenden Monolog ins Mikrophon. Ich sollte nachsprechen, sollte allen seinen Wörtern hinterherjagen. Der Lautsprecher krächzte in die Stille: «O Lord, erhöre uns, hier steht einer vor dir, der zu Buße und Umkehr bereit ist, endlich bereit ist für ein keusches und sauberes Leben!»

Wie recht Donald hatte: «We are all sinners!» Ich nickte demütig, wollte jedes Wort beherzigen, das auf mich niederging. Wieder einmal fühlte ich diese Sehnsucht nach einem Beschützer, einem Allbarmherzigen, eben jenem, der die Richtung zeigte und alle Last nahm.

Bis der Teufel kommandierte, plötzlich. Mittendrin merkte ich, dass ab sofort heiligmäßige Selbstbeherrschung gefordert war. Weil jetzt die unbändige Lust zu lachen ausbrechen wollte. Weil die alten Bilder zurückkamen. Schon fünf Mal war ich in den Staaten getauft worden, und jedes Mal wollte ich rein und anders werden. Und jedes Mal ging es daneben. Vielleicht hätte ich diesmal stillgehalten, hätte Duong, der Vietnamese, der Donald beim Sündenvergeben aushalf, nicht gesagt: «This is the leal thing.» Jetzt rettete nur noch Lippenbeißen. Um 0.37 Uhr, direkt neben der *Highway One*, war es so weit, ich schallte hinaus: «I let Jesus enter into my heart», schloss die Augen und wiederholte den Treueschwur, den die beiden mir feierlich vorsprachen, war stark bis zum allerletzten Satz, bis: «You are saved now in Dschissassss!» Aber dann war kein Halten mehr, und wir drei, ja wir drei, wimmerten glückselig in die Nacht. Oh, heiliger Schwachsinn.

REISEN UND LESEN

Am Pool eines feinen Hotels, irgendwo im Süden Thailands. Für einen Dollar pro Tag durfte man hier stundenlang schwimmen, ja lesen und rauchen. Reisen ist schön, aber mittendrin anhalten ist auch schön. Lesen auf Reisen ist vielleicht noch freudespendender als Lesen in gewohnter Umgebung. Irgendein Gefühl kommt dazu – das Flair der Fremde? –, das den Genuss an klugen Gedanken vertieft. Vielleicht ist es das beschwingte Bewusstsein, weit weg zu sein von der Fadheit des Alltags? Lesen dürfen, ohne dabei von dem Gedanken gefoltert zu werden, hinterher einkaufen und als dreizehnter Kunde an einer Aldi-Kasse zuschauen zu müssen, wie Lebenszeit zuschanden geht. Für bekennende Flüchtlinge gleicht Lesen in sicherer Distanz einem Zustand, der jeden kleinen Superlativ rechtfertigt. Ich lese, also bin ich. Ich lese in weiter Ferne, also bin ich – glücklich.

Ich saß im Liegestuhl, las ein Buch, ein halbes Dutzend Magazine, zuletzt einen Zeitungsartikel, der von einem eher trostlosen Zustand sprach. Aber brillant sprach. Wie viele, die Sprache lieben, tröstet mich die Eleganz eines Textes über den Inhalt hinweg. Nichts anderes auf Erden als die Sprache erinnert ausdauernder daran, dass Schönheit imstande ist zu heilen. Zu mildern allemal.

Die Journalistin musste die Kolumne unter Tränen verfasst haben. Die thailändische Buchindustrie, so war zu erfahren, boomte. Aber lediglich dank dem schriftlich niedergelegten Geschnatter einer Ex-Miss, dank den Erinnerungen eines bekannten Schauspielers, der schon mehrmals durch seinen beachtlich niedrigen Intelligenzquotienten landesweit auffiel, und dank – auf ewig – dem Cartoon *Die Geschichte von Tongdaeng*. Er beschrieb den Lebensweg des Lieblingshundes von König Bhumipol, 700 000 verkaufte Bücher in den ersten zwei Wochen. Die Journalistin notierte: «All das zeigt den augenblicklich oberflächlichen Geisteszustand in unserem Land.» Tonnenweise gingen Lachen und Weinen und Liebesmärchen über den Ladentisch. Alles ging, solange die Realität nicht vorkam.

Egon Erwin Kisch, Urvater der modernen Reportage, meinte einmal: «Nichts ist phantastischer als die Wirklichkeit.» Für den Satz würde er heute ausgepeitscht, das tatsächliche Leben interessiert nur noch eine Minderheit. Heiß sind: Träumen, Flucht, Trance, Fantasy, Zauberlehrlinge, Batman, Shrek, Blödeln, der unbedingte Wille, der Wirklichkeit aus dem Weg zu gehen. So wenig verführerisch kommt sie daher. Es scheint, so die tapfere Publizistin, «als zöge eine rastlose Verblödungsmaschinerie über den Planeten».

Der letzte Satz war wichtig, sonst käme noch der Verdacht auf, nur Thailänder würden verdummt. Wir alle sind Opfer. Doch das ist der Unterschied zwischen den «Vielzuvielen» (Friedrich Nietzsche) und der «ungeheuren Minderheit» (Juan Ramón Jiménez): Rennen die vielen ins große Gatter, um mitzublöken mit der blökenden Mehrheit, so suchen die wenigen nach Gegengiften, um nicht verseucht zu werden vom Virus zerebraler Trägheit. Für sie will ich als Marktschreier auftreten und zwei Drogen als exquisites Heilserum anpreisen: Reisen und Lesen.

FAHRT INS GLÜCK

Das Glück kann keiner kommandieren. Der Satz stimmt weltweit, nur zwischen New Delhi und Varanasi stimmt er nicht. Wer sich in der indischen Hauptstadt in den Zug Richtung Osten setzt, den wird das Glück umhauen. Ich weiß, wovon ich rede, ich war dabei.

Die Freude ging los mit Mister und Missis Sandip, die mit mir im Abteil saßen, beide auf dem Weg nach Kolkatta, beide rastlose Leser. «Are you a happy man?», fragte ich ihn. Und der pensionierte Lehrer wackelte mit dem Kopf zur Bejahung, sagte den Satz aller Weisen: «I am content.» Er war zufrieden mit dem, was er hatte. Keine Gier franste an ihm, kein Ego musste stündlich massiert werden.

Indien kann anstrengen. Aber die nächsten zwölf seligen Stunden musste ich vor keinem Vehikel zur Seite hechten, musste um kein Billett raufen, musste nie hitzeblöd der Sonne ausweichen. Jetzt galten andere Gesetze. Der Schaffner brachte den Chai, die Tomatensuppe, ein paar Fladen Chapati, sein lässiges Grinsen. Eine ambulante Wahrsagerin zog vorbei und sagte die Wahrheit, prophezeite eine sichere Ankunft. Die Ventilatoren surrten.

Ein Blick in die Bordküche erlaubte die Vermutung, dass die Kessel, in denen die Kartoffeln schmorten, noch aus der Feldkombüse des Dschingis Khan stammten. Einen Schritt daneben lehnten die Gasflaschen. Ich zählte nach und kam auf sieben Waggons, die sich zwischen einer möglichen Explosion und meinem Fensterplatz befanden. Das reichte zum Überleben.

An jedem Bahnhof drängten die Gepäckträger herein. Und mit schweren Koffern auf dem Kopf zwängten sie sich wieder hinaus. Ausgesprochen geheimnisvoll der Anblick ihrer Waden. Noch nach dreißigtausend Koffern wollten die dünnen Beine keine Muskeln zulegen. Unergründliche Inder.

Als die Dämmerung kam, setzte ich mich an die offene Zugtür. Neben Prasad. Der arme Teufel brauchte weniger Platz als ich, ihm fehlten beide Beine, verlorengegangen bei einem Unfall. Als ich die mitgebrachten Erdnüsse mit ihm teilte, teilte er sie mit dem Bettler hinter ihm.

Wir drei redeten kaum, spürten den trockenheißen Loo, den Wüstenwind aus Rajastan, fuhren an Indien vorbei, sahen die Dämmerung kommen, sahen die frühen Schläfer auf den Dächern der Dörfer, die Kraniche auf den Rücken der Büffel, die Weizenbündel auf den sauber gezirkelten Feldern. Hörten, wie das Land still wurde und ausatmete. Begleitet vom gleichmäßig-einlullenden Rattern des Zugs.

John Ford meinte einmal, dass ihn in Augenblicken innigster Freude das Gefühl überfiel, keine Zähne mehr im Mund zu haben. Hier wären sie ihm auch abhandengekommen. Zahnlos vor Glück kamen wir an.

MEIN PARISER CAFÉ – FLUCHTPUNKT, KLAGEMAUER, LIEBESNEST

In Marokko heißen Kaffeehäuser «Café tue temps», wörtlich und grausam übersetzt: Kaffee tötet Zeit. Aber phantasievoller interpretiert soll es bedeuten: Hier kann ich hocken und schauen, und keiner wirft mich hinaus! Man zahlt nicht für das Getränk, man zahlt für den Stuhl, für den Fluchtpunkt, für die grandiose Aussicht auf andere, die – vor der Glasscheibe – malochen und schwitzen. Ein Café ist kein Café, es ist eine Nervenheilanstalt, ein öffentlicher Ort, der wie kein anderer zum Weltfrieden beiträgt. Da Paris irgendwie zu Afrika gehört, sind hier die Zustände ganz ähnlich: Ich sitze, also bin ich.

Ich lebe im elften Arrondissement, nicht weit von der Bastille. Das Viertel gilt als «populaire», als pariserisch. Kaum Touristen, nirgends ein ödes *Starbucks*, dafür alle fünfzig Meter ein Bistro, das zur Einkehr verführt. Mein Café ist weder schick noch berühmt, es ist – welch fabelhaftes Plus – international. Die Gelben und Schwarzen kommen, der jüdische Fleischer und der arabische Gemüsehändler, Kettenraucher Louis (okay, er kommt nicht mehr, da leider letztes Jahr lungenbläschenversaut verschieden), aber Guy, der Tagelöhner, kommt sowie Monsieur Georges, der Kreuzworträtsel-Freak, Patrick, die zahnlose Schnapsdrossel, Marlene, das vulgäre Weib, Fahrid, der einsame Berber. Und natürlich Eveline, «la rêveuse», die Träumerin. Mit einem Wimpernzucken verlässt sie die Welt und landet mitten auf einem anderen Stern.

Wir alle verdanken die Oase einem Heldenpaar, Bernadette und Robert. Sie die Chefin, er der Chef, ewig verheiratet, ewig befreundet, zwei Perpetuum mobile. Um halb acht machen sie auf, um 22 Uhr machen sie dicht, servieren dazwischen dreihundert Tassen Kaffee und durchgehend warme Küche. Und fallen nie um. Dürfen nicht umfallen. Denn das ist der Deal, er wurde vor langer Zeit stillschweigend geschlossen: Das Café ist nur Fassade, wer hier eintritt, betritt einen Beichtstuhl. Die Theke dient als Klagemauer, und dahinter stehen die beiden Bosse, sie Beichtmutter, er Beichtvater. Und lauschen. Manche Gäste müssen so viel loswerden, dass sogar die zwei heiser werden. Heiser vom vielen Zuhören.

Wie zu erwarten, gestehen die Pariserinnen großzügiger. Auch in meinem Café. Meist handelt es sich, unüberhörbar, um Liebesgeschichten, sprich Trauermärchen, in denen wenig Liebe passierte und in denen wir, die Pariser – wer sonst? –, als Sündenböcke auftreten. Wir Böcke und Liebesscheuen. Weil wir die Herzlosen sind, sagen die Pariserinnen, eben die Mutlosen, die von der (beharrlichen) Liebe nichts wissen wollen.

Wie dem auch sei, nach 18 Uhr verschwindet die Klagemauer, die Bude wird voll, die Arbeit ist vorbei, und hier ist der rechte Platz, um die Ankunft im mürben Familienleben um eine Stunde Sorglosigkeit hinauszuzögern. Die Alten diskutieren, die Jungen auch. Ein paar hören mittendrin auf und küssen sich. Und Monique ist eingetroffen und weckt ihre Freundin Eveline. Die tatsächlich zur Welt zurückkehrt. Lärmig wird es, lebendig, vielsprachig. Jetzt swingt Glücksluft über unseren Köpfen. Ach Paris, ach du, ach, du Einzige.

BERUF REPORTER

LÜGEN MUSS SEIN

Nennt mich jemand einen «Reiseschriftsteller», will ich rausrennen und losheulen. Fällt diese Berufsbezeichnung, dann sehe ich immer einen Wichtigen, einen Pompösen. Einen, der von weit weg zuschaut und anschließend seinen reservierten Mittagstisch im feinen Speisewagen aufsucht. Hier genießt unser Mann die «herrliche Landschaft», lobpreist das «grandiose Menü» und entwirft erste Aufzeichnungen für das nächste Buch. Der Titel steht schon: «Abenteuer Zug».

Ich will es mit den weniger Pompösen halten, ich bin nur Schreiber, der nebenbei reist. Das ist einer, der näher kommt und bisweilen auf sein Mittagessen verzichten muss. Um das Gesehene – im Schweinsgalopp – vor jenen in Sicherheit zu bringen, die nicht wollen, dass sie gesehen werden.

Reiseschriftsteller sind rund, reisende Schreiber eher mager und schlaflos. Die Neugierigsten unter ihnen machen es wie Gandhi, der auf die Frage, warum er die dritte Klasse benutze, antwortete: «Weil es eine vierte nicht gibt.» Der Alte wusste, wo die besseren Storys zu finden sind.

So ist es. Denn vor den Mühen des Schreibens liegen die Mühen der «Stoffsammlung», eben genug Stoff, genug Leben zu sammeln, das wert ist, veröffentlicht zu werden, sprich «bemerkenswert». Erstes Gebot: Nie «offiziell» auftreten, stets die Neugier vertuschen. Ein Wichtigtuer mit großem Block und großem Griffel, dabei mit Tonband und imposanter Kamera hantierend – lieber nicht.

Ich habe Glück, ich bin kindisch, will spielen. Noch immer. Ich lüge gern, erfinde mir dreimal am Tag eine neue Identität. Lügen muss sein, mehr denn je bin ich überzeugt, dass die Wirklichkeit – um das bombastische Wort «Wahrheit» zu vermeiden – Angst hat, ja, sich versteckt, wohl ahnt, was sie anrichten würde, käme sie ans Tageslicht.

Als ich in der «tribal area», dem Gebiet zwischen Pakistan und Afghanistan, über den Heroinhandel recherchierte, tat ich das natürlich nicht mit gestempeltem Ausweis und «Presse»-Sticker auf dem Hemd. Ich tat es als «skandinavischer Drogenhändler», der sich – im Kofferraum versteckt – von zwei (bezahlten) Halunken einschmuggeln ließ. Um an Ort und Stelle mit anderen Grossisten über eine Lieferung nach Kopenhagen zu verhandeln. Bis auf die Unterhose musste ich mich vorher ausziehen, um zu beweisen, dass ich kein Gerät bei mir trug, nichts, was einen Nachweis des Treffens ermöglicht hätte.

Ein anderer Auftrag hieß, über afrikanische Flüchtlinge zu berichten, die von der marokkanischen Mittelmeerküste aus versuchten, sich nach Europa abzusetzen. Also nahm ich Kontakt mit den hiesigen Schleppern auf. Um ihnen das Lügenmärchen von mir, dem «Scheckbetrüger», zu erzählen, der unbemerkt zurück nach Deutschland musste. Wie sonst meine Anwesenheit – eines Weißen, eines Reichen – auf einem Boot rechtfertigen, das bettelarme Schwarze über die Meerenge von Gibraltar nach Spanien beförderte? Nachts, verborgen, ungewiss. Aber Scheckbetrüger klang sauber, zudem musste ich, wie voraussehbar, einen «prix spécial» übergeben. Das reichte, somit landete ich eines Augustmorgens vor Tarifa an, um drei Uhr früh, glitt wie die anderen neun Passagiere ins Wasser und schwamm die letzten vierhundert Meter an Land. Um sechs Stunden später, wieder trocken und jetzt hochoffiziell, als Reporter mit einer «Guardia Civil»-Streife nach den «clandestinos», den Heimlichen, zu fahnden.

Stocherte ich vor den Toren Mexico Citys in qualmenden Müllhalden – fest in lokalen Mafiahänden –, dann stocherte ich als Lumpensammler, der andere Lumpensammler aushorchte. Die Mafia wird mich nicht aufklären. (Die mich dann doch abgeführt hat. Und wieder war Fotograf Rolf Nobel Zeuge.)

Viele Reise-Situationen sind friedlicher. Aber ich spiele weiter, bin (fast) nie Schreiber, bin schwedischer Filmschauspieler, Philosophie-Professor, Cessna-Pilot in Kenia. Oder Taugenichts, abgebrochener Jurastudent, Streuner, Strawanzer, bin immer das, was den anderen – jenen, den ich verdächtige, eine Geschichte in petto zu haben – am ehesten entspannen könnte. Damit dieser so intime Vorgang seinen Anfang nimmt: Einer erzählt, einer hört zu.

Von diesem Augenblick an – wenn Stoff und Leben auf meiner Festplatte im Kopf eintreffen – beginnt die zweite Mühe: das Sichern. Klar, auch jetzt soll Diskretion herrschen. Der Anblick eines Schreibenden hat eine seltsam irritierende Wirkung auf den, dessen Vertraulichkeiten notiert werden. Der Vorgang beunruhigt, riecht nach Polizei, nach Stunk und Konsequenzen.

So spiele ich die Hure, beschwichtige, erreiche endlich den Zustand, in dem der andere mich, den Wissbegierigen, vergisst und loslegt. Obwohl ich, äußerst diskret, ein paar Stichpunkte kritzle. Dennoch, bisweilen hilft kein Abwiegeln und Besänftigen, bisweilen verstopft schon das Herausziehen von Stift und Papier jede Informationsquelle. Und die Quelle wird scheu, mag unter solchen Umständen nicht weiterreden. Oder, auch das passiert, entwickelt sich zum Großmaul, will den Ruhm und dramatisiert das Geschehen, sensationalisiert es, inszeniert sich plötzlich als Held in einer Heldengeschichte.

Um all diesen Fallen auszuweichen, wäre ein muskulöses Gedächtnis von Nutzen. Um hinhören zu können und den Text des Fremden nicht mitschreiben zu müssen. Einzig virtuell mitzuschreiben, ungesehen und geräuschlos, verschlossen hinter der Stirn. Die Kunst der Eselsbrücke scheint ebenfalls hilfreich, um die wichtigsten Punkte zu behalten. Hat der Schreiber genug (fürs Erste), dann muss er eine lästige Blasenentzündung vortäuschen. Nicht selten habe ich mich in derlei Situationen – vor Jähzornigen, vor Misstrauischen, vor notorischen Verrätern – auf eine Toilette verzogen. Um aus dem linken Stiefel einen Fetzen und einen Stummel zu fischen und hastig ein paar Schlagwörter zu sudeln.

Doch die Stunde kommt, in der ich ungeniert Schreiber sein darf. In einem Hotelzimmer, im diskreten Eck einer Bar, in der Zelle eines Klosters. Jetzt die Fetzen einsammeln und nach den richtigen Wörtern fahnden. Damit Sprache entsteht. Jeder, der diesen Zustand kennt, wird zustimmen: Schreiben ist das Glück. Noch einmal darf man an den Tatort zurückkehren, erhält ein zweites Leben, ja das Aufschreiben der Vergangenheit – und wäre sie nur zehn Minuten vergangen – kann inniger sein als das Leben zehn Minuten davor. Weil Schreiben den Vorgang verlangsamt – niemand schreibt so schnell wie das Leben –, verlangsamen muss. Und diese Entschleunigung schafft Intensität, lässt tiefer blicken, lässt tiefer und bewusster spüren, denken. Ich schreibe, also war ich. Ich schreibe, also bin ich.

HUREN UND HIRN

Vor kurzem stand ein Bericht über Oprah Winfrey in der Zeitung. Der amerikanische Superstar eröffnete in Südafrika eine Mädchenschule, finanziert von ihrer Stiftung. Fünftausend Kinder armer Schlucker sollen dort in den nächsten zehn Jahren eine Chance bekommen. Zerknirscht las ich den Text bis zum Schluss.

Der Artikel erinnerte mich an meinen letzten Besuch in dem Land, wo ich ein paar Leute traf, die ihre Chance wohl verpasst hatten. Fotograf Rolf Nobel und ich machten eine Reportage über die *Flats*, das Areal hinter dem Tafelberg im Osten Kapstadts. Windig, flach, riesig, hunderttausend aus Blech und Pappdeckeln zusammengenagelte Bruchbuden. Ein Bandenkrieg ging um. Drogen, was sonst. Weit über die Hälfte vegetierte hier als Arbeitslose und Analphabeten, viele der Bewohner nannten sich Tagelöhner.

«Mögest du in interessanten Zeiten leben», so lautet ein chinesischer Trinkspruch. Hier die interessanteste Zeit dieser Tage: Mit Hilfe eines Mittelsmanns gelangten wir in ein *Crackhouse*. Hinter einer mit Stahlplatten gesicherten Tür lagen sechs schmuddelige Räume, voll mit dösenden Crackheads, die abwesend ihre Crackpfeife rauchten. Zwei Huren luden uns ein in ihr Zimmer, und wir zahlten für jedes gemeinsame Pfeifchen. Damit sie redeten und uns vom Leben und Siechen vor Ort erzählten. Und sich ablichten ließen. So waren die Regeln, anders kam keiner an sie ran. Nicht als Freier, nicht als Reporter.

Aber irgendwann schlug die Situation um, die zwei

Elendsfiguren taumelten in ein hysterisches High und legten sich mit uns an. Uns, den Kamerabesitzern, den Geldbesitzern. Crack kann befrieden, Crack kann aufpeitschen. Meist das. Zuschauen, zuhören und Bilder machen, alles war plötzlich vorbei. Es kam zu einem aberwitzigen Auftritt. Der Fotograf sicherte die Tür, damit sich keiner der anderen Fixer mit einer halbautomatischen *Glock* (eine der beliebteren Handfeuerwaffen vor Ort) zu uns verirrte, und ich wälzte mich mit einer abgefeimten Nutte am Boden, um wieder in den Besitz unserer Habseligkeiten zu gelangen. Dabei stets bemüht, den Bissen der Wilden auszuweichen. Sicher trug sie ein paar lebensgefährliche Viren mit sich herum. Ich war dabei, den Kampf zu verlieren, als unser Mittelsmann an der Tür klopfte, endlich. Nach weiteren drei Minuten gewannen wir die Schlacht, Portemonnaie, Kreditkarten und Geräte gehörten wieder uns. Im Sturmschritt an den Panzerplatten vorbei ins Freie.

Da lobe ich mir die Oprah. Sie kam nicht ins Land, um anderen ein halbes Dutzend Giftportionen zu spendieren. Sie kam und besorgte ein Haus, in dem jeder sein Hirn ausbeuten darf. Auf dass in künftigen Zeiten die Kriege aufhören, die Bandenkriege. Sowie die Angst, das Dösen und Verblöden. Ich schwör's, das nächste Mal stelle ich mich vor der Schule auf und singe den Zehnjährigen das Hohelied von einem anderen Leben. Eben das grandiose Lied vom eigenständigen Leben, vom selbstverantworteten, vom Leben, in dem keiner huren und keiner Drogen schlucken muss, um es auszuhalten.

NEW YORK FÜR ANFÄNGER

Um 14.33 Uhr Landung auf dem John-F.-Kennedy-Flughafen. Ich nahm den Bus nach Manhattan und stieg in der 42nd Street aus. Früher war das eine aufregende, dreckige Straße. Mit Predigern, die jedem die Hölle in Aussicht stellten, der hier vorbeikam. Mit Zuhältern, die nicht den Himmel, aber immerhin fünfzehn Minuten Entspannung versprachen. Mit Daddys, die verschwitzt (und schuldbeladen) aus Videokabinen eilten. Heute blitzte die Forty-second, aus dem Sündenpfuhl war ein Einkaufsparadies geworden. Auch eine Art Hölle, irgendwie hatten die Prediger recht.

Über einem Toreingang blinkten die Wörter *Budget Room Office*, ich ging hinein und fragte nach einem Zimmer. Ich wollte drei Nächte in New York bleiben. «Sorry, everything's full», war die knappe Antwort. Ich ließ mich noch auf die Warteliste setzen und wischte hinaus. Kaum war ich draußen, hörte ich schnelle Schritte und jemanden hinter mir herrufen. Ich drehte mich um und sah den dicken Jack, den Angestellten, der mich gerade abserviert hatte.

O ja, Jack hatte ein Zimmer. Er stotterte jetzt, meinte, dass er nebenbei – er wollte sagen, am Boss vorbei – in Notfällen einspringen würde. Ich blickte auf den sympathischen Kerl und dachte, dass ich schon immer ein Faible für Leute hatte, die habgierigen Chefs hinterrücks ein paar Scheine entzogen. Zudem brachte das Schwarzgeschäft auch mir Vorteile, die Bearbeitungsgebühren entfielen. Leichten Herzens sagte ich zu.

Jack strahlte und führte mich zu einem unscheinbaren

Mietshaus, nur ein paar Ecken weiter. Im dritten Stock öffnete er eine passable Wohnung, sagte cool: «Gehört einer Freundin von mir, die gerade durch Mexiko reist.» Der Dicke reichte mir den Schlüssel, ich übergab die vereinbarten vierzig Dollar. Das schien ein passabler Deal, Jack war ein Menschenfreund und ich der Mann im Glück. Nun, das ist ein Satz, in dem nicht *ein* Wort stimmte, aber das wusste ich noch nicht. Im Augenblick stimmte er.

Ich deponierte mein Gepäck und streunte die nächsten sieben Stunden durch das Viertel. Durch fremde Straßen flanieren und schauen und hören, was es Neues auf der Welt gibt, das sind Beschäftigungen, die – so nennen es die Amerikaner – mit «quality time» zu tun haben. Als ich kurz vor vierundzwanzig Uhr zurückkam, war die Schonzeit vorbei. Der Schlüssel passte nicht. Er passte auch nicht nach dem zehnten Versuch. Wo ist Jack? Ich will ihn morden! Genervt von meinem Radau, kam der Hausmeister und klärte mich auf. Am späten Nachmittag war ein Klempner hier vorbeigekommen, um das Schloss auszuwechseln. Warum? Konnte er nicht sagen.

Die Nacht wurde anstrengend. Ich fand zwei Polizisten, die mich wissen ließen, dass sie ohne Durchsuchungsbefehl keine Tür demolieren durften. Ich hörte einem Kriminalbeamten zu, der versprach, sich in drei Wochen um meinen Fall zu kümmern. Ich rannte zurück zum Haus, klingelte den (bereits missmutigen) Pedell heraus und bat ihn, mir die Geschäftsadresse des Wohnungsbesitzers zu geben. In solchen Momenten funkelt immer der böse Blick in meinen Augen. Der half auch diesmal. Ich bekam die Anschrift.

Ich wanderte los, jetzt ohne Eile, ich hatte die halbe Nacht und zählte mit. Nach siebenundsechzig Blocks stand ich vor der angegebenen Anschrift, eine Versicherungsgesellschaft. Ich war zu früh, ich setzte mich und wartete. Sechs Stunden lang.

Um neun kam der Besitzer, ich erklärte ihm den Fall, er erklärte mir, dass das Schloss geändert worden war, da der Mieter seit einem Jahr nichts mehr von sich hatte hören lassen. Wir fuhren zum unscheinbaren Mietshaus, die Tür ging auf, ich durfte mein Gepäck schultern und verschwinden. Obwohl ich den Übeltäter nicht preisgegeben hatte. Nicht aus Boy-Scout-Treue, nein, aus Eigennutz. Denn die Nacht sollte ein fulminantes Ende haben.

Und das hatte sie. Um 10.30 Uhr betrat ich den Zimmernachweis und erzählte Jack mit gedämpfter Stimme die Geschichte von den vierhundert Dollar, die er mir in Kürze übergeben würde. Als Wiedergutmachung für die Zumutungen der letzten zehneinhalb Stunden. Ich erzählte ihm sogar, dass mir etwas Ähnliches bereits vor Jahren in Afrika zugestoßen war. (Sorry, manche – manche wie ich – brauchen eben länger, um die Wirklichkeit zu begreifen.) Jack hörte zu, maulte ein bisschen und hätte mich sicher gern gewürgt. Aber das Helle in ihm siegte. In mir auch, wir einigten uns auf einen Kompromiss, auf zweihundert Dollar. Mein Hinweis, dass ich bei Nichtbezahlung seinen Namen an den Hausbesitzer durchgeben müsste, beschleunigte die Übergabe. Jack, der Kluge, gab nach.

Heiter zog ich von dannen. Ich ahnte plötzlich, wie viel ich dem Dicken verdankte. Den Kies *und* den Crashkurs in Sachen Cleverness. In dieser Nacht war ich – endlich – das geworden, was die New Yorker «streetsmart» nennen. Das ist einer, der weiß, wie es auf den Straßen dieser Stadt zugeht.

UNTER DEM VULKAN

ERINNERUNG AN EINEN FRIEDENSFÜRSTEN

«Keine Größe ohne Größenwahn», lehrte uns Karl Kraus. Mitten in Bagdad fiel mir der Satz wieder ein. Auch klar, Saddam Hussein hatte weder den Wiener Schriftsteller gelesen noch sich um Größe bemüht. Aber beim Größenwahn wusste er Bescheid. Zehntausendmal hing er, thronte er, kniete und schwebte er als Pappkamerad durch die Stadt. Entspannt, feist, satt, eiskalt, eiskalt lächelnd, im Brokatsessel, auf dem Gebetsteppich, im Jet-Cockpit, mit Diamantenkrone oder Borsalino, den Koran oder die Flinte schwingend, als Kinderfreund, als Kriegsherr mit Säbel vor kniendem Volk, als einsamer und begnadeter Generalissimo auf weiter Flur, als eleganter Herr im Dunkelblauen von Dior, als Brillenträger, als Sonnenbrillenträger, als Familienvater, als Heros, als Halbgott, als Gott, als Stellvertreter Allahs auf Erden.

Zu den zehntausend Postern kam das täglich neu ausbrechende Getöse in den Medien. Halleluja, Jubelschreie, Liebesgedichte, Ruhmgesänge, jeden Morgen des «Führers» Konterfei auf den Titeln der Zeitungen, alle Hofberichterstatter vereint im vierundzwanzigstündigen Freudentaumel ob seiner Existenz. Die Inbrunst zahlte sich aus. 99,96 Prozent der Iraker hatten beim letzten «Referendum» für den ehemaligen Jurastudenten (sic!) gestimmt. «Vox populi, vox Rindvieh», der Satz stammt nicht von Karl Kraus, sondern von Erica Jong.

Die Mutter aller Gründe für die Kantersiege des umtriebigen Massenmörders, der zuletzt da endete, wo er Tausende andere hatte enden lassen, am Galgen, nun, der bedrohlichste Grund hieß: Angst. «Don't trust your brother», flüsterte mir einer von den wenigen zu, die sich noch trauten zu flüstern. Der Geheimdienst verfügte über eine lange Gehaltsliste. Drei Abteilungen existieren, eine für die Armee, eine für die *Arabisch-Sozialistische Baath-Partei* und die dritte, die gefürchtetste, arbeitete exklusiv für den «Befreier des Orients». Ein Heer von Zuträgern, Agents Provocateurs, V-Männern, V-Frauen, Lauschern und Aufpassern überzog das Land. Sogar die Klageweiber waren gekauft. Die Spitzenkader hatten ihr Handwerk des Lauschens und Folterns (auch) in der DDR gelernt. Honecker pflegte schon lange ein Faible für den «Friedensfürsten». Natürlich, auch der Westen tändelte gern mit dem Vampir, dem pünktlich zahlenden Liebhaber von Panzerflotten und Bombergeschwadern. Der Ex-Bauernsohn war bauernschlau, kein Zweifel, er kannte sich aus mit der Gier, seiner und der aller anderen.

Ich will sechs Begegnungen erzählen, sechs Fundsachen beim Wandern durch Bagdad. Damals, als «Nebukadnezar II» noch Blut saugen durfte und die amerikanische Regierung noch nicht das Lügenmärchen von den «Massenvernichtungs-Waffen» Husseins erfunden hatte. Damals, als Ausländer noch die Hauptstadt betreten konnten, ohne fürchten zu müssen, am Abend enthauptet in einem Straßengraben zu landen.

Erste Episode: Ich wollte über die *Brücke des 14. Juli*. Das ging nicht, weil jemand sofort auf mich zu rannte, wild gestikulierend die Unterarme kreuzte und «Kalabschat, Kalabschat» schrie. Das ist ein wichtiges Wort in dieser Weltregion, es bedeutet «Handschellen». Wie eindeutig. Jeder Fußgänger auf dieser Brücke würde im Zuchthaus landen. Diskussionen sinnlos, der Spitzel verwies auf ein Taxi. Nur motorisiert durfte man auf die andere Seite des Tigris. Einen Grund für die Schikane gab es nicht, ich fragte, und keiner antwortete. Einzige denkbare Erklärung: Irgendwo weit hinter Büschen, Bäumen und schlaflos bewachten Mauern lag einer der Paläste des «Kriegers der Krieger».

Zweites Beispiel. Ein Supermarkt mitten in der Altstadt. Bodycheck am Eingang, Öffnen der Taschen, Suche nach Waffen. Ein mehrstöckiges, eher bescheidenes Kaufhaus. Plötzlich fingen zwei Männer zu streiten an, blitzschnell die ersten Hiebe. Warum? Einer der beiden trug einen Kopfverband mit einem faustgroßen, hellrot getrockneten Blutfleck. Was den anderen maßlos ärgerte. Denn so unbedenklich sich herzuzeigen untergrabe die Moral der Bevölkerung. Als das Paar keuchend in die Knie ging, lösten sich fast gleichzeitig drei andere Männer aus der Menge und eilten auf die beiden Raufbolde zu. Ein einziger schneidender Zwischenruf genügte, ohne Widerrede erhob sich das zänkische Duo, senkte die Köpfe. Abgang zu fünft.

Dritter Vorfall. Ich befand mich im Innenhof der *Khadimiya Moschee*, des bekanntesten Schiiten-Heiligtums der Stadt. Schon die Anwesenheit eines Fremden war verboten. Aber die Gläubigen reagierten nicht, nur ab und zu ein befremdlicher Blick. Ich kam mit drei Soldaten ins Gespräch, Smalltalk, wie ich hieß, wie sie hießen, ob ich Schiit wäre, alles harmlos. Freundlich entsprachen sie meiner Bitte, sich zum Foto aufzustellen. Die drei waren nur Staffage, ich wollte das Gebäude fotografieren. Unauffällig. Nicht unauffällig genug. Nach dem ersten Klicken sah ich im rechten Augenwinkel zwei Männer vom Gebetsteppich sich erheben und im Eilschritt näher kommen. Noch fünf Meter entfernt riefen sie: «Polizei, Film her.» Zwei Zivilbeamte als biedere Wallfahrer. Aber keine Bluthunde, sie ließen sich tatsächlich beschwichtigen, als ich das Hohelied auf Saddam Hussein al-Takriti anstimmte, auf den «Erben Saladins», den «König von Babylon», den «Befreier des Volkes». Iraker mögen Deutsche, ich durfte verduften.

Vierter Auftritt. Ich nahm ein Taxi, gab dem Fahrer Extrascheine, damit ich unbehelligt vom Fonds aus Bilder machen konnte. An einer Kreuzung stürmte jemand auf uns zu, zückte einen Ausweis, stieg ohne zu fragen ein. Auch er ohne Uniform, auch er unauffällig gekleidet, auch er dem Staatsapparat zu Diensten. Er ließ nicht mit sich verhandeln: «Hand over the film!» Ich redete ihm von der Schönheit der Stadt, den Erinnerungen, die ich mit nach Hause nehmen wollte. Vergeblich. «Hand over the film!» Aber inzwischen hatte ich Zeit gewonnen, der Spürhund saß auf dem Beifahrersitz, ich hinten. So war Gelegenheit, eine unbelichtete Rolle aus der Seitentasche der Jacke zu ziehen. Die streckte ich ihm entgegen. Und er nahm sie. Möglicherweise bezeichnete er sich im Kaffeehaus als «Geheimagenten», aber ein *007* würde nicht aus ihm werden. Das Hirn fehlte. Er stieg aus. Mit meiner (falschen) Visitenkarte und dem nutzlosen Material.

Vorletzte Szene, auch sie zeugte von den Wunden, die das «befreite Volk» seit Jahrzehnten mit sich herumtrug, von einem Krieg in den nächsten drangsaliert. In einer Seitengasse der Rasheed Street rüttelten etwa fünfzig meist ältere Frauen an einem gewaltigen Eisentor. Sie zeterten und beschimpften die beiden Wachtposten. Es ging ums Überleben, es ging um eine Stange Zigaretten. Die blau verpackten, begehrten *Sumer*. Hinter dem Portal befand sich ein Staatsbetrieb, in dem jeder zehn Päckchen erwerben konnte. Aber heute verzögerte sich die Lieferung. Die kreischenden Irakerinnen probten nicht als Kettenraucher den Aufstand, sondern als ambulante Straßenhändler. Die zweihundert Zigaretten waren ihr täglicher Lebensunterhalt.

Im Land des «Babylonischen Löwens» war so vieles erlogen, erstunken, erkauft und erheuchelt. Verlass war nur auf die Toten, die Gefolterten und Verstümmelten, sie waren echt. Auf den Stufen eines kleinen Hauses traf ich einen Lastwagenfahrer, Ex-Lastwagenfahrer. Hafiz rauchte eine Wasserpfeife. Sie stand links von ihm, rechts lehnten die Krücken. Die Sonne strahlte auf sein Gesicht. An jedem seiner Füße fehlte die Hälfte, mehr als die Hälfte. Nur die Fersen waren geblieben. Maßarbeit. Erinnerung an den vorletzten Krieg. Auf unbeschreibliche Art schien der Mensch fröhlich. Ich fragte ihn, wie er zu dieser Heiterkeit käme, diesem Gleichmut. Und Hafiz lachte nur trocken, sagte den einfachen, wundersamen Satz: «Aber ich lebe, Mann, ich lebe.»

EINER GEGEN DEN UNTERGANG DER WELT

Sie werden sich töten. Aus dem Verschlag drangen gellende Stimmen. Ich schlich näher, wollte wissen, wer hier wen erledigte. Bis auf zwei Meter kam ich ran. Dann flog die Tür auf, und ein Mann streckte seinen schweißglänzenden Kopf heraus, schrie begeistert: «Welcome!»

Keine Hinrichtungsstätte, nein, eine Frühmesse. Sieben Männer, vier Frauen, drei Kinder und zwei Babys erklärten die Stinkbude – zwei mal drei Meter – zur «Church of God of Prophecy». Und ihre Hingabe klang leidenschaftlich, verzweifelt, enthusiastisch, ja besinnungslos schienen sie bereit, alles herzugeben, um sich der göttlichen Liebe zu versichern. Eine junge Mutter kreischte gerade ihre Geschichte. In Luo. Ein anderer kreischte hinterher, übersetzte ins Suaheli. Jeder sollte verstehen. Eben die Geschichte von ihrer Schwangerschaft und den unaufhörlichen Blutungen, die kein Doktor stillen konnte. Bis sie endlich von Jesus hörte, auf ihn hörte, und das Wunder geschah. Und Jesus trocknete das Blut und besänftigte die Schmerzen. Das reichte, die Frohe Botschaft fuhr wie ein Flammenwerfer in die Herzen der Anwesenden, sie sprangen auf, feuerten wilde, sinnliche Choräle nach oben, Richtung Jesus, klatschten in ihre nassen Hände, wirbelten die Tambourine.

Jeder musste erzählen, musste seine Liebe zum «Son of God» bezeugen. Auch ich. Da ich aber nichts wusste von einer solchen Liebe, doch keinen enttäuschen wollte, erzählte ich die Geschichte von meiner Wut, berichtete, dass ich schon vor langer Zeit aus der katholischen Kirche ausgetreten war. Die hochwillkommene Nachricht wurde sogleich mit einem vielstimmigen «yeah, man» begleitet. Als ich als Motiv die Scheinheiligkeit erwähnte, war ich unaufhaltsam einer der Ihren. Die nächsten sechs Predigten redeten nur noch von Lug und Trug und der «hypocracy» der amtlichen Großkirchen. Aus den sechs wurden achtzehn Sonntagsreden, da zuerst auf Luo, dann wieder auf Suaheli und zuletzt – nimmermüde Gastfreundschaft – auf Englisch.

Am Schluss – inzwischen war es 12.45 Uhr, sprich, dreieinhalb Stunden sind vergangen – versprachen wir uns alle, dass jeder besser werden soll. Nicht Lüge sollte mehr sein und nicht Schein, nicht «Ehebruch», nicht «Ehekrach», auch nicht «Faulheit» und «Korruption». Dann begann der Showdown. Einer sagte «Jesus is love», und die Erde fing zu vibrieren an. Dreißig Beine stampften den Boden, schluchzende Gesichter, glänzende Nacken, irre, weit entfernte Blicke. Die schimmeligen Bretterwände des Schuppens wurden zur Klagemauer, gegen die sie jetzt ihre sündigen Körper rannten. Kniefälle, stammelndes Hersagen von Bibelsprüchen, aus zwei Ecken das toderschreckte Geplärr der Säuglinge. Achtzehn Menschen in acht Kubikmetern Raum. Sie kochten, sie keuchten, die Suche nach Gott als Urschreitherapie.

Draußen war Mathare. Die Augen brauchten ein paar Sekunden, um sich wieder an die blaue Sonne zu gewöhnen. Dann sahen sie einen Dreijährigen seine Notdurft verrichten, mitten auf dem Weg. Fliegen wimmelten an seinem Hintern. Das *Mathare Valley* – neben zwanzig anderen Wohnkloaken der Hauptstadt – galt als Nairobis größter Scheißhaufen. So sagten sie selbst. «Home address: Shit», meinte Charity grinsend, als sie mir eine Limonade verkaufte. Und mich anschließend in ihre Lehmhütte dirigierte. Schwieriger Zugang. Den Slum überzogen schmale Pfade, in deren Mitte der Kot und Abfall von knapp zweihunderttausend Bewohnern lagerten. Manchmal blieb kein Platz zum Gehen, dann spreizte man die Beine von einer Hausmauer zur andern, stakste am Rande der Exkremente nach Hause. Jetzt war Trockenzeit, gute Zeit. Kam der große Regen, dann wateten sie.

Charitys Hütte war finster. Fünf Quadratmeter ohne Strom und Wasser, immerhin ein Bett, ein Loch für die Zugluft, ein paar Kochtöpfe auf der Erde, die Gummistiefel, hundert Fliegen. Vater und Mutter und die zwei Brüder saßen auf der Matratze, nachts würden sie zu fünft darauf schlafen. Wir tranken Chang'aa, ein heimlich aus Mais (oder Hirse) und Melasse gebrauter Sud. «African Whisky», der schnell und sanftmütig blau machte. (Und manchen blind, der zu viel trank, da hochprozentig mit Methanol vermischt.) Nach einer halben Stunde verschwand die Familie, diskret lächelnd, ohne Erklärung. Charity lächelte auch, eine Spur weniger diskret, nahm meine beiden Hände und – wünschte sich ein Kind. Damit ich alles richtig verstand, führte sie unsere jetzt verschlungenen Finger zwischen meine Beine. Und von dort an ihre Brüste. Ich wehrte mich nicht, spürte ihre Haut länger, als ich sollte. Aber ich wollte sie genießen, wollte für Sekunden mich trösten lassen von Schönheit. An diesem Ort, diesem Monster an Hässlichkeit. Ja, ein Kind von mir, jetzt gleich. Sagte sie, ganz umstandslos, und drehte den Kopf zum verschlissenen Leintuch. Deshalb die Räumung der Familienliege. Unser Kind, ich verstand, sollte die Aufenthaltserlaubnis im «beautiful, rich Germany» garantieren. Davon träumte die hübsche Charity. Damit der Gestank ein Ende hatte und irgendwo ein wohlriechendes Leben anfing.

Alles gefiel mir an dieser Frau, nur nicht die Bettstatt und die Aussicht auf einen afro-germanischen Ehestand mit Nachwuchs. So musste ich lügen, wie immer, wenn ich niemandem wehtun wollte, auch mir nicht. Musste mich davonlügen, um nicht in Mathare zum Kindsvater zu werden. Vertröstete, winkte, tauchte ab hinter dem nächsten Müllberg.

Afrika ist praktisch, das hat mir immer gefallen. Ich kam zufällig an Charitys Limonadenstand vorbei, sie checkte blitzschnell die Daten: Weißer, Deutscher, steinreich – und handelte, aktivierte Plan A. Jeder hier suchte nach einem Notausgang. Schrien die einen nach Gott und schleuderten ihr Herz in den Himmel, so wollten die anderen ins himmlische Deutschland. Als Anzahlung legten sie ihren Körper hin. Wieder andere suchten Unterschlupf in Banden, dealten mit Alkohol und Drogen, fuchtelten mit Macheten und forderten Schutzgelder für alles, sogar für das halbe Dutzend öffentlicher Toiletten. Die Jungen, auch die ganz Jungen, dealten mit Sex. Das billigste Angebot bekam ich von einer Dreizehnjährigen. July verrechnete «hundred Bob» (einen Euro) für einen «shot», die übliche Warenbezeichnung für einen schnellen Fick. So redete sie.

Die meisten aber warteten. Auf nichts, verdösten ihr Leben in bodenloser Monotonie, griffen nach der Chang'aa-Flasche, rauchten Bhangi-Joints, saßen. Waren da und waren tot. Mathare funktionierte als Höllenmaschine, in der sich Mord, Totschlag, Aids und die Sinnlosigkeit um den ersten Platz als Todesursache stritten. Nur ihr Zorn auf den Staat verband sie, alle wussten sich verraten und schlugen zurück, wenn die Polizei wagte, hier vorbeizukommen. Die mörderischen Übergriffe, die Kenia Anfang 2008 heimsuchten, hatten nur zum Teil mit alten Fehden zwischen verschiedenen Ethnien zu tun. Sie waren auch ein Zeichen von Hass auf dieses Leben. Das keiner rettete, das sich wohl nur dann noch am Leben fühlte, wenn es in rasender Wut anderes Leben zerstörte.

Doch einen fand ich, und der war anders. Nichts konnte ihn abbringen von seinen Prinzipien, keiner korrumpierte ihn. Sein Bügelbrett stand vor dem Eingang zu seiner Blechbaracke, drei Schritte von einem Wasserpfuhl entfernt. Moses war ein glücklicher Schneider. Er bejahte, auch dann noch, als ich ihn bat, über die Bedeutung des Wortes *happy* nachzudenken. «Yes, I am.» Alles an diesem Menschen war absurd. Sein Glücklichsein, seine Arbeit, seine Unbekümmertheit den lauernden Moskitos gegenüber. Mit wundersam langen Fingern strich er über Stoffe, fuhr mit dem warmen Eisen hinterher. Eine Bügelfalte in Mathare. Erst nach zwei Dutzend Hosen konnte ich mich losreißen. Hier kämpfte einer gegen das abwaschbare Wort Mensch.

WILDFREMDE UNTER SICH

Welcome to New Orleans. Als ich nachts durch die O'Keefe Street schlenderte, brauste mit Blaulicht ein Polizist auf mich zu. In zehn Metern Entfernung bremste er seine Harley Davidson und bellte: «Stopp! Keine Bewegung!» Routiniert richtete er den Suchscheinwerfer auf mich und fragte im Tonfall des leiderfahrenen Sheriffs: «Was tragen Sie an Ihrer rechten Seite?»

New Orleans hatte ein «crime problem», seit langem, ach, seit immer. *Newsweek* sprach einmal von den «scumbags», die die Stadt das Fürchten lehrten. Dass man jedoch heute Nacht einen Bewunderer der Stadt als «Drecksack» verdächtigte, schien mir leicht übertrieben.

Dennoch, wir einigten uns. In meiner schwarzen Gürteltasche befand sich keine *AR-15*, nur eine Brille (kennt einer bebrillte Gangster?) und ein Notizblock. Der Sheriff nickte gelangweilt, bellte wieder: «Move on», ich war entlassen.

Der nächste Morgen wurde wunderbar friedlich, schon um sieben Uhr strich ich an den Fassaden des alten französischen Viertels entlang, suchte nach der Hausnummer 332 1/2. Als ich davorstand, fragte ich eine Frau, die gerade ihren Laden öffnete, ob das hier die ehemalige Adresse von Tennessee Williams wäre. «Tennessee who?» Ich segnete das dumme Weib und entdeckte eine unscheinbare Plakette, die bestätigte, dass hier einmal ein Gigant der Weltliteratur gewohnt hatte. Oben im zweiten Stock schrieb er vor über sechzig Jahren *A Streetcar Named Desire,* inspiriert von der Straßenbahn, die Richtung *Desire* fuhr, ein Stadtviertel.

All over. Seit langem hatten Busse die Strecke zur «Endstation Sehnsucht» (längst zu einer infam gefährlichen Siedlung verwahrlost) übernommen, war der berühmte Schriftsteller (die letzten Lebensjahre drogensüchtig) an einem versehentlich verschluckten Flaschenverschluss erstickt, war Marlon Brando (mit der Rolle des sinnlichbrutalen Stanley Kowalski in Williams' Theaterstück weltberühmt geworden) an Fettsucht verröchelt.

Eine herausfordernde Stadt. Ich wurde noch immer nicht als Bewunderer akzeptiert. Am dritten Abend begegnete ich wieder der Polizei. Und diesmal war ich es, der sie aufsuchte.

Als ich um ein Uhr nachts zu meinem Motel zurückkehrte, bemerkte ich vor meiner Tür (Zugang direkt von der Straße), dass ich den Schlüssel vergessen hatte. Ich wohnte in einer *budget accomodation,* ein Rezeptionist nach Mitternacht wäre wohl zu teuer gewesen. Als ich am Fenster des Nebenzimmers klopfte – der Nachbar und ich teilten die Dusche –, begann ein Crashkurs in Sachen amerikanische Gesellschaft. «What the fuck you want?», schallte es mir entgegen. Nicht unfreundlich, eher ängstlich. Denn um diese Uhrzeit meldeten sich nur Nutten oder Killer. Da er eine männliche Stimme vernahm, musste ich der Killer sein.

Ich versuchte, den Mann zu überzeugen, dass ich heute Abend keine Leiche brauchte, sondern ein Bett. Ob er so liebenswürdig wäre, durchs Bad in mein Zimmer zu gehen, um mir von innen zu öffnen. Ich nannte meinen Namen, er stünde – sofort nachprüfbar – auf meinem Rucksack.

Meine Strategie erwies sich als eindeutig falsch, wahrscheinlich hielt mich der Mensch jetzt für einen Wahnsinnigen, einen wahnsinnigen Killer: «Are you gone nuts?», war die korrekte Antwort, denn nur Verrückte konnten glauben, dass ein Wildfremder einem anderen Wildfremden in diesem Land zu dunkler Stunde die Tür öffnen würde.

Brando fiel mir ein. Wäre ich Stanley K. gewesen, dann hätte ich augenblicklich die Tür eingetreten und wäre fünf Minuten später mit einem coolen Lächeln eingeschlafen. Nachdem ich ausgeträumt hatte, eilte ich ins Zentrum und suchte die nächste Polizeistation. Da sich viele Drecksäcke hier herumtrieben, gab es viele Polizeistationen. Als ich die nächste gefunden hatte und davorstand, durfte ich nur über eine Sprechanlage mein Anliegen vortragen. Aus Sicherheitsgründen.

Das klappte, Officer Ted T. und ich fuhren Richtung verriegelte Unterkunft. Mit einer kleinen Verzögerung beim Start, denn T. T. war so rund, dass er zuerst den Fahrersitz bis zum Anschlag zurücksetzen und die Rückenlehne flacher stellen musste, um vollständig hinters Lenkrad rollen zu können. Aber der Dicke war fix, als wir ankamen, raunzte er zweimal durch die Tür meines Nachbarn, informierte ihn, dass die Polizei da war, und warf die Sirene an. Fünf Minuten später lag ich tatsächlich in meinem Bett. Ja, lächelnd. Nicht ohne vorher ein Wort der Entschuldigung an denjenigen zu richten, der mich für seinen Mörder gehalten hatte.

DAS CRACKHOUSE

Achtzehn Tage lebte ich in einem Crackhouse. In *East New York*, einem Viertel von Brooklyn. Ich kam zur rechten Zeit, ein schlechter Ruf verfolgte den Stadtteil. Im Jahr davor verzeichnete er die höchste Mordrate weit und breit, plus höchste Totschlagrate. Früher blitzte der Ort. Vor Sauberkeit, vor Betriebsamkeit. Früher war vor hundertfünfzig Jahren, als europäische Immigranten hierher auswanderten, Iren, Deutsche, Italiener, Polen. Strebsam war es, puritanisch, schön gottesfürchtig und scheinheilig. *East New York* wollte strahlen wie New York, wie Manhattan, das im Westen lag.

Nach dem Zweiten Weltkrieg wurde es eng, andere «Immigranten» tauchten auf. Der schwarze Mann und der nicht minder geschmähte Puertoricaner zogen ein. Und die Armut. Der weiße Mann ergriff die Flucht, und die «Niggers» und die «Spicks» («no spick English», eine Anspielung auf die mangelhaften Sprachkenntnisse der Latinos) führten Krieg. Damit er nicht aufhörte oder damit man ihn aushielt (zwei von vielen Gründen), wurde Anfang der achtziger Jahre *Crack* erfunden. Der Billigrausch fürs Volk. Die reichen Weißen snifften Kokain, die armseligen Nicht-Weißen rauchten Crack. Die meisten Verbrechen hier, so konnte man von der Polizei erfahren, waren «drug related», hatten mit Drogen zu tun.

Bevor ich hundertmal gelogen und Hunderte von Dollars an einen Mittelsmann gezahlt hatte, damit er mich in ein Crackhouse schleuste, hatte ich immer dieselbe Botschaft in den Medien gelesen: «Einmal inhalieren ist gleich einmal lebenslänglich abhängig.» Nach der (eigenen) Erfahrung war offensichtlich, dass alle, die diesen Warnschrei verbreiteten, noch nie das Kribbeln erlebt hatten. Ich war damals für ein deutsches Magazin unterwegs und hatte gleich angekündigt, dass ich den Stoff selbst probieren würde. Als unverhandelbare Bedingung für den Auftrag. Ich wollte nicht abschreiben von jenen, die von anderen abschrieben. Ich wollte es leben. Wie darüber Auskunft geben, ohne es zu schmecken? Crack, das Teufelszeug.

Irgendwann kam ich rein. Natürlich nicht als Reporter, sondern als leicht bizarrer Typ, der sich unbedingt unter Huren, Kriminellen und ähnlich Verwirrten einquartieren wollte. Bevor sich die mit einem Pfosten verbarrikadierte Tür öffnete, fand ein dreistündiges Gespräch mit dem Boss der Bude statt, mit «Tiger». Außerhalb. Er wollte mich aushorchen, meinen Pass sehen, sicher sein, dass ich nicht für die Polizei arbeitete, nicht für eine Gang, dass ich eben ich war, ein «Philosophie-Professor», ein Deutscher, ein argloser Ausländer. Das dauerte keine zwanzig Minuten, der Rest der Zeit verging mit Zuhören von Tigers turbulenter Lebensgeschichte. Mit elf Jahren (und ein paar Monaten) machte er seine erste sexuelle Erfahrung. Mit einer Fünfzehnjährigen. Als «soft rape» bezeichnete er später die Begegnung. Auch sonst stimmte sein Leben mit dem Ruf überein, der ihm vorausging. Tiger war ein Bully, ein Schläger, ein Messerstecher, ein Plünderer, ein Dealer, ein einfacher Killer, ein achtfacher Zuchthäusler, ein zwölffacher Vater, ein auf seltsame Weise – und ich würde es bald wissen – plötzlich jähzorniger, plötzlich tränengerührter Mensch.

Endlich wurde der Balken zur Seite geschoben, und ich durfte eintreten. Ich war der einzige Weiße unter den

Schwarzen. Und ich war willkommen, denn sie waren abhängig und pleite, und ich war es nicht und hatte Geld. Auch das war mit meinem Auftraggeber vereinbart: dass er meinen Drogenkonsum bezahlen würde. Quittungsfrei. So begann zehn Minuten später die Feuertaufe. Ich kaufte eine Ration und rauchte. Wie die anderen. Somit lieferte ich den endgültigen Beweis, dass ich «clean» (sic!) war, sprich, nicht als V-Mann für das *New York Police Department* arbeitete. Ab diesem Augenblick war ich strafbar wie sie. Und akzeptiert.

Und ich war eingeweiht, gehörte ab jetzt zu jenen, die «wussten»: dass bisher kein Stoff im Universum entdeckt wurde, der blitzschneller unter die Schädeldecke raste, der radikaler das überwältigende Gefühl eines schwerelosen Hirns verschaffte. Die wussten, dass der erste Zug – it cracks, es knackt – das erregendste High versprach, die «tingling sensation», jenes Kribbeln, jenen aberwitzigen Zustand vollkommener Leichtigkeit. Einmal ziehen, und die Welt war weg, ihr Gewicht, alle Last. Einmal damit vertraut, erkannte man das verheerend schöne Gift an seinem Ton.

Die siebzig Quadratmeter boten vieles. Eine Wohnung, ein Eroscenter, ein Asyllager, ein Waffenversteck, eine «shooting gallery» für Heroinsüchtige, ein an 365 Tagen rund um die Uhr betriebsbereites Crackhouse. Und eine Kommandozentrale für Tina, Tigers Frau, die Chef-Dealerin. Sie versorgte die «runners», die jungen Kerle, die anpochten, auch um fünf Uhr morgens, das Codewort murmelten, reinhuschten, ihren Verdienst ablieferten und von Tina mit neuen Crack-Portionen zurück auf die Straße geschickt wurden. Um wieder zu rennen und die Ware loszuwerden.

Andere kamen und blieben. Für eine halbe, für eine knappe Stunde. Eben Stammkunden, die sich ins Sperrmüll-Wohnzimmer setzten, bei Tina ein «rock» bezahlten – eine Portion sieht aus wie ein winziger Fels – und zu paffen anfingen. Zusammen mit uns, die wir hier wohnten, mehr oder weniger permanent. Nur Tiger blieb fern, er hasste Crack, er bevorzugte «speedballing», vermischte Kokain und Heroin, erhitzte das Ganze, zog es in eine Spritze und verpasste sich einen Schuss. Hinterher fing er sofort zu schwitzen an, ließ die Nadel an der Vene hängen und jagte mit einem Küchenhandtuch nach Fliegen. Ein Ritual, das er in vierundzwanzig Stunden viermal wiederholte. Ließ die Wirkung nach, dann vergaß er die Fliegen und begann zu brüllen. Auch das regelmäßig. Denn irgendetwas, irgendwer nervte ihn.

Die Frauen waren eindeutig in der Überzahl. Sie hatten es leichter, an Geld ranzukommen. Beschaffungsprostitution war ihr Hauptberuf. Als Nebenverdienst zum «welfare money», der Stütze. Zwei stellten sich vor die Tür, ein Auto hielt neben dem Bürgersteig, eine schrieb – als Sicherheitsmaßnahme – das Kennzeichen auf, die andere nahm auf dem Beifahrersitz Platz, fuhr zwei Ecken weiter, verpasste einen Blowjob und stieg fünf Dollar reicher wieder aus. Exakt der Preis einer Ladung Crack. Blasen und rauchen. Dann auschillen. Dann wieder ins Freie. Auf der Suche nach Freiern. So verging die Zeit.

Illustre Damen. Wer sich an den Umgangston gewöhnt hatte, der fühlte sich heimisch, gehörte zur «family». Wie Pat, genannt «the breeder», der Brüter. Achtundzwanzig Jahre, acht Kinder von acht Vätern, gerade im neunten Monat schwanger, sprich, ein weiteres «crack baby» für Amerika. Die Folgen für das Neugeborene waren absehbar, zur Wahl standen: schwere Atembeschwerden, Spasmen, Nierendefekte, körperliche Deformationen. Pat kassierte Sozialhilfe, dealte nebenbei, stellte auch jetzt noch ihre primären und sekundären Geschlechtsmerkmale gegen Entgelt zur Verfügung. Ich wollte wissen, ob ein dicker Bauch die Kundschaft nicht abschreckte, und hörte den bemerkenswerten Satz: «Pregnant pussy, good pussy.»

Birdy war die Hausklavin. Zahnlos, haarlos, eine sechzigjährige Haut auf einem fünfundvierzig Jahre alten Körper. Die vielen Schönheitsfehler retteten sie vor dem Strich. Dafür war sie das Opfer von Tina, der «Mammi». Und die sah gut aus, war Mutter eines Teils von Tigers Kindern, war Sadistin und erniedrigte jeden, der schwach war. Die Zeit über hatte sie sich einen Kreis ergebener Habenichtse gezüchtet, jene verachteten «freeloaders», die hündisch den Augenblick abpassten, in dem Tina eine Runde Crack spendierte.

«Tyson» grübelte. Die Zweiundvierzigjährige, auch schwanger, wieder schwanger, war früher Boxerin. Unterwegs für die «Golden Gloves». Jetzt galt sie als crackblöd, blöd von den Hieben und dem Rausch. Sie schien süchtiger als alle anderen. Die vier vorderen Zähne fehlten, Erinnerungen an eine linke Gerade. «My tool», mein Werkzeug, sagte sie und deutete auf die Lücke. Als ich sie ratlos anblickte, klärte sie mich auf: «Du glaubst nicht, Andrew, wie genau hier jeder Schwanz reinpasst.» Und steckte drei ihrer Boxerfinger zwischen die beiden Eckzähne. Quod erat demonstrandum. Das sagte sie nicht, aber das war es.

Peggy war nicht schwanger, zumindest gab es keine Hinweise. «Nicht dass ich wüsste.» Sie hatte ein Auge auf mich geworfen. Nicht auf mich, den Mann, nein, auf mich, den Dollarbesitzer. Hatte sie die Pfeife bis auf den letzten Krümel geraucht, auch «the residue», die Restbestände, die am Glas klebten, zusammengekratzt und nochmals angezündet, dann landete sie – wie wir alle – wieder auf der Erde. Eher unsanft. Auch das hatten wir alle gemeinsam. Das Unsanfte. Crack ist ein «upper», ein Stoff, der jagt. Zuerst Richtung Himmel, dann zurück in die Wüste. Jeder wurde damit anders fertig. Doch der Tick des Schwergewichts war der originellste. Mit beiden Händen griff sie zum Büstenhalter und schüttelte heftig die (enormen) Brüste. Möglicherweise, so ihre Erklärung, hatten sich dorthin ein paar Krumen verkrochen.

Peggy war träge. Sie hatte genug vom «freelance lipservice», so nannte sie es, sie wollte sitzen bleiben und nicht am Straßenrand stehen und auf einen Kunden warten. Deshalb kam sie auf die Idee, mir eine Liste zu übergeben, auf der sie säuberlich – sie war einmal als Sekretärin bei der US-Armee in Stuttgart beschäftigt – links ihre verschiedenen Körperteile auflistete und rechts die Summe, die zu bezahlen wäre, wenn ich mich zur Benutzung einer oder mehrerer ihrer Öffnungen entscheiden sollte. Als Zusatz bot sie einen «hand relief» an, eine Masturbationssitzung.

Barbi machte weniger Umstände. Sie war die einzige Nicht-Schwarze, sie war Puertoricanerin. Mit einem hübschen Gesicht, zudem wachsam, noch fähig zu vollständigen Gedanken, noch nicht verwüstet im Kopf. Ihr Erkennungszeichen war das Zappeln. Sobald sie wieder in der Wirklichkeit angekommen war, fingen ihre vier Gliedmaßen zu zittern an. Sie konnte ab sofort nicht stillsitzen, sprang auf und schlenkerte wie eine Marionette durch den Raum, hielt einmal einen Arm, einmal ein Bein fest, um den Presslufthammer in ihrem jungen straffen Körper zu bändigen. Eines Nachmittags hatte sie genug Mut, haschte nach meiner rechten Hand, führte mich vor die Tür zum Hinterzimmer – wo Haufen von Schmutzwäsche und die Matratzen lagen – und erzählte die Geschichte von ihrer lungenverkrebsten Mutter im Krankenhaus, folglich: «Please, fuck me, I've got to get the money.» Nichts schien leichter zu verstehen. Barbi brauchte das Geld für ihren Crackhunger, erfand aber eine rührige Story, um mich zur Herausgabe der Scheine zu überreden. Sie sagte todernst: «I fuck for her.»

Crack rauchen und gleichzeitig Sex haben, konkreter, gleichzeitig vom Partner «bedient» werden, galt als grandiose Leiberfahrung. Für alle, die einmal dabei waren.

Die meiste Zeit wurde gedöst, gewartet, vertrödelt. Es gab kein Ziel, wenn nicht das ein und einzige: wieder high abzuheben, eben in eine Hochstimmung zu schlittern, die das übrige Leben, das niedrige, das elende, vergessen ließ. Sicher, nach dem High waren die Niederungen noch mühseliger zu ertragen als kurz davor. Wie einleuchtend, denn das Wissen auf ein baldiges Abheben dämpfte den Frust, vernebelte als Vorfreude die Sinnlosigkeit.

So krachte es meist dann, wenn die Junkies schon längere Zeit vom *cold turkey* geschüttelt wurden. Weil das Geld fehlte für Nachschub, weil zu wenige Männer vorbeikamen, die nach einschlägigen Dienstleistungen verlangten, weil Tina sich am Hungerblick der Nassauer ergötzte und kein Gramm herausrückte. Und so fingen die Beschimpfungen an, Lappalien endeten in einer Wortschlacht, jede nannte jede grundsätzlich: «You motherfucker-undercover-crackhead!» Das klang nicht unwitzig, wobei nie deutlich wurde, ob sie sich bewusst waren, dass sie sich mit einem Ausdruck schmähten, der auf sie alle zutraf. Denn nur motherfucker-undercover-crackheads lebten hier. Okay, *undercover* war hier niemand. Schon lange nicht mehr. Das dramatische Wort hatten sie sicher des Rhythmus wegen hinzugefügt.

Sie schrillten so lange, bis Tina dazwischenbellte. Ruhe trat ein, kurzfristig.

Die abstruseste Szene passierte, als Barbi eines Mittags auf dem Fußboden ein zerknäultes Klopapier entdeckte. Stark riechend, da schon benutzt. Und sofort Peggy, die direkt daneben lungerte, in die Schusslinie geriet. Sie musste das «monster pig» sein. Und die verdächtigte Monstersau, die Exboxerin, ging sofort zum Angriff über, fuhr mit einem Kleenex durch ihre Unterwäsche, hielt das fleckenlose Papier triumphierend in die Höhe und verkündete wutschnaubend: «Listen, bitch, my ass is clean!»

Tiger war mir wohlgesonnen. Ich durfte sogar in sein Zimmer. Ich könnte nicht sagen, warum. Weil er mich für weniger verkommen hielt? Weil ich noch zuhörte, wenn er von seiner Vergangenheit berichtete? Natürlich war ich für ihn ein «white crackhead», ich hatte ja mit keiner Silbe angedeutet, dass ich über ihn schreiben würde. Wir saßen auf der Couch, redeten und sahen amerikanisches Fernsehen. Bis er zu schluchzen anfing. Manchmal mit, manchmal ohne Nadel. «Schau doch, gerade läuft so eine sentimentale Familienscheiße, und ich weiß wieder, dass mein Leben kaputt ist.» Er heulte über das Dutzend abwesender Kids, seiner Kids, alle fort von ihm, verteilt auf Großmütter, Zuchthäuser und die Straße. Ein paar Mal legte ich den Arm auf seine Schulter und tröstete ihn. Eine seltsame Nähe war zwischen uns entstanden. Tiger war ein Schweinehund, und ich mochte ihn. Vielleicht aus Dankbarkeit. Weil er etwas aushalten musste, was mir erspart blieb.

Nach zweieinhalb Wochen war ich davon. Auch um heil zu bleiben. Mehrmals wurde in den letzten Tagen mit Waffen gefuchtelt. «Just for fun.» Von Gästen, denen der Rausch den größeren Teil ihrer Zurechnungsfähigkeit geraubt hatte. Um mir problemlos den Rückzug zu sichern, lud ich jeden der dreizehn Anwesenden zu einer vollen Crackpfeife ein. Damit alle happy waren und kein verzweifelter Schnorrer mir den Ausgang versperrte. Tiger versorgte mich noch mit einer Eskorte, zwei runners, die den sichersten Weg ins Zentrum wussten. East New York war hässlich und lauernd.

Am frühen Abend ging ich noch zu den *Narcotics Anonymous*. Wie bei den Anonymen Alkoholikern kamen hier jene vorbei, die mit ihrer Süchtigkeit noch kämpften oder den Teufel schon besiegt hatten. Zumindest für eine gewisse Zeit. Wie «Eddy» (jeder sagte nur seinen Vornamen), der von seinen Zwischenstationen in Gefängnissen und psychiatrischen Kliniken erzählte, von Messern und Messerstechereien, von seinen hundertundeins Versuchen, dem Ruin zu entkommen. Zuletzt sagte er: «I am a recovered addict and I have three days short of three months.» Noch drei Tage fehlten ihm, dann war er drei Monate lang sauber. Alle klatschten begeistert. Ich kam auch dran, jeder musste teilnehmen. Und so beichtete ich nichts als die Wahrheit: «My name is Andrew and I have been clean for the last three hours.» Ich dachte, sie würden lachen, nein, sie applaudierten auch jetzt und waren begeistert. Wie bei Eddy. Vielleicht waren drei Stunden für viele eine Traumzeit.

Selbstverständlich besuchte mich nach meiner Rückkehr nach Paris der «eisige Truthahn», kam die nächsten Nächte die Gänsehaut über mich, wie über jeden, der intensiv Drogen konsumierte und plötzlich damit aufhörte. Und selbstverständlich wurde ich nicht crackhörig und crackblöd, verfiel nie und keinem Tag der Sucht. Ich war ja nicht mehr neunzehn, nicht arbeitslos, nicht weltverloren. Ich war ein erwachsener Mann, und ich übte einen Beruf aus, den ich liebte, Zustände, die ungemein stabilisierten. Zudem hatte ich bereits eine Handvoll Reportagen über jene geschrieben, die nicht rechtzeitig vor dem Abgrund innehielten, jene, die blindlings hinter der letzten Haltestelle – *the point of no return* – ins Bodenlose stürzten. Schon damals, beim Anblick der Abkratzer, hatte ich begriffen, dass ich süchtig nach Leben war. Und mich nie nach dem Abkratzen und dem Tod sehnte.

ZWISCHENSCHREIE UND NOTWEHR

UNSERE NEUEN HELDEN

Heiligenlegenden sind wieder im Schwange. Nicht von standhaften Christenmenschen, die sich von heidnischen Löwen verschlingen lassen, erzählen die Märchen, nein, der moderne Heilige ist der professionelle Fotograf. Schneidig tritt er vor abgrundtiefes Grauen und hält fest, wo bestialisch geschlachtet, geviertelt, verhungert und verdurstet wird. Nicht vor Massenmorden und Massengräbern weicht er zurück, ihn peitscht nur ein Verlangen: der Welt den Spiegel vorhalten!

Entweder sinkt man in die Knie vor so viel selbst proklamierter Rechtschaffenheit, oder man muss grinsen. Als wüssten unsere trägen Herzen nicht schon längst, wie es in der Welt zugeht. Als wäre das nächste *Stern*-Foto das rechte Medium, um uns die Trägheit auszutreiben. Nach den Millionen blutverschmierter Bilder, die bereits durch den Kopf des modernen Menschen geflutet sind, sollten wir schon vor langer Zeit aufgehört haben, den anderen beim Morden und Schlachten zuzuschauen. Denn ein Foto betrachten heißt auch: Ich schaue zu.

Dass sich gleichzeitig bei diesem Akt das beruhigend warme Gefühl von Entrüstung einstellt, die unverrückliche Gewissheit, ein mitfühlender Erdenbürger zu sein, der rastlos und entschieden auf der Seite der Entrechteten steht, dieser wunderbar kostenlose Nebeneffekt macht es so verdammt schwer, die tatsächliche Wucht eines Fotos aufzuspüren. Jenseits von allem Betroffenheitsgestammel.

Ich erinnere mich an einen alten Palästinenser, der 1948

aus seinem Dorf gejagt wurde und zu dem ich sagte: «Ich habe Fotos von der Vertreibung ihres Volkes gesehen, ich kann verstehen, wie Ihnen zumute ist.» Und der Alte, wutflammend: «Einen Dreck können Sie. Ein Foto ist ein Foto und eine Vertreibung eine Tragödie.»

Ryszard Kapuscinski, unser aller (kürzlich verstorbener) Reporter-Urvater, hat einmal notiert, wie ihm während eines Flugs das viele Rascheln auffiel. Businessmen beim Illustriertenrascheln, beim gefassten Blättern durch einen Völkermord, den Lebenslauf einer Sportskanone, die letzte Brustvergrößerung von Pamela Anderson, das Geschnatter einer (leider nicht verstorbenen) Paris Hilton, die neuesten Erkenntnisse auf dem Gebiet der Gen-Biologie, das Gesumse der Kreationisten vom Himmelsvater im Himmel.

Der Verdacht drängt sich auf, dass uns Fotos deshalb so gut gefallen, weil sie unserer Faulheit Vorschub leisten. Übermütig reden wir uns ein: «Foto gesehen, Wirklichkeit verstanden!» Die Mühsal des Lesens, des Nachlesens, des Denkens, des Zusammenhänge-Begreifens haben wir uns gespart.

Schmerzhaft konkret: Vor einiger Zeit sah ich das bekannte Foto von James Nachtwey, das einen jungen Tutsi zeigt, dessen Gesicht mit einer Machete schwer misshandelt wurde. Wie eine Stacheldrahtspur zieht sich die genähte Wunde über sein Profil. Ich legte das Foto zur Seite und fragte mich, was ich jetzt gelernt habe, was an Weltwissen mir vor dem Betrachten dieses Fotos fehlte. Dass die einen den anderen bisweilen Ungeheures antun? Ein alter Hut. Sonst noch was? Eher nicht. Der Fotograf machte sich nicht einmal die Mühe, den Namen des Verwüsteten zu nennen. Ich sehe einen gedemütigten Menschen und kann nichts über ihn sagen. Wie geschah es? Wie heißen seine Folterknechte?

Kannte er sie? Sind sie gefasst? Was trieb sie in diesen Wahnsinn? Wie geht der Junge mit dieser Wunde um? Wird er je wieder verzeihen können? Ganz schön schamlos, einen so auszustellen und so wenig von ihm wissen zu wollen.

Da gehe ich lieber die herrischen Nackten von Helmut Newton anschauen. Der Meister meinte noch kurz vor seinem Tod, dass er lieber die Reichen und Schönen fotografiere. «Die Armen belichten halte ich für zynisch.» Das hat was.

Über die Bilder des Kriegsfotografen Jones-Griffiths wird gesagt, dass sie «dessen Empörung über den Krieg zeigen». Das erinnert mich an ein Poster über einem Hauseck in San Francisco: «I am against Aids!» Hopefully, kann man da nur sagen. So ähnlich pathetisch klingt der Hinweis, dass sich ein Fotograf über den Vernichtungskrieg in Vietnam empört. Wir empören uns gleich mit und halten – nach den Momenten der Ergriffenheit über uns selbst – inne und schauen uns zu. Fragen uns, einen Tag später: War ich vierundzwanzig Stunden lang ein versöhnlicherer Zeitgenosse? Nachsichtiger? Weniger lüstern auf Streit? Großzügiger? Oder war ich wieder nur der honorige Empörer, der noch nie auf die Idee kam, dass der Zustand der Welt mit seinem eigenen Umgang mit ihr zu tun hat?

Immer wieder wird die berühmte Aufnahme – noch ein Bild aus Vietnam – von Eddie Adams zitiert, die den Polizeichef von Saigon zeigt, der auf offener Straße einen Gefangenen exekutiert. Per Kopfschuss. Schlechtes Beispiel, um von den hehren Taten der Fotografie zu berichten. Denn die *story behind the story* geht so: General Nguyen Ngoc Loan führte den als Vietcong verdächtigten Mann höchstpersönlich aus dem Hauptquartier auf die Straße: *weil* dort Journalisten und Fotografen standen. Er brauchte ein Foto von der Exekution. Zur Abschreckung. Adams hat es geliefert.

Schwer zu sagen, ob Bilder Grauen verhindern oder es fördern. Für beide Ansichten gibt es kluge Argumente. So mancher Fotojournalist – aus Ruhmsucht?, aus Unbedarftheit? – «hilft» gern mit, um zur rechten Zeit zum rechten Bild zu kommen. Er ahnt, dass sein Auftauchen (oder Dableiben) den einen oder anderen Mörder in seiner Mordlust beflügelt. Auch unter Monstern gibt es Blitzlichtluder, die gern ein Erinnerungsfoto aufs Nachtkästchen stellen.

Noch eine ewige Wahrheit: Immer wieder heißt es, dass nur der «bewegende Bilder machen könne, der sich selbst vom Leid vor der Kamera anrühren lässt». Das ist einer der wackersten Sätze, die uns von den Aufrechten erzählen, die Fotografen wurden. Ezra Pound war ein ideologisch rechter Windbeutel und ein genialer Dichter. Und Marilyn Monroe ein herzenswarmes Weltwunder und eine mäßig begabte Schauspielerin. Nicht anders bei Fotografen. Charakter und Talent haben nichts, absolut nichts miteinander zu tun. Den obigen Hinweis, dass uns einzig der Gutmensch mit seiner Kamera heimleuchten kann, löschen wir. Auf ewig. Ein Könner – ob Menschenfreund oder Fiesling – kann Fotos zaubern, die uns für den Rest unserer Tage Albträume verschaffen. Unsäglich belanglos dabei, ob er tränenüberströmt oder eiskalt auf den Auslöser drückte.

Ein letzter reality check. Wieder las ich die Mär, dass Fotograf Kevin Carter «für seine Arbeit einen hohen Preis zahlte». Denn wenige Monate nach dem berühmten Foto mit dem toderschöpften Kind und dem lauernden Geier (Sudan) setzte er seinem Leben ein Ende. So die Logik des zitierten Satzes. Nun, ich habe Carter in Südafrika kennengelernt, geradezu tollkühn klingt die Behauptung, er wäre der «Situation (damals im Sudan) nicht gewachsen gewesen». Kevin war ein feiner Kerl, splendid, verrückt, mutig. Und er war ein Heroinjunkie, notorisch pleite, ein Weltverzweifler, einer, der schon fünfzehn Jahre den Gedanken aushalten musste, sich eines Tages umbringen zu wollen. Nach dem Erhalt des Pulitzerpreises für dieses außergewöhnliche Foto ging es ihm noch schlechter. Denn er konnte die in ihn gesetzten Erwartungen nicht erfüllen. Jeder Auftraggeber forderte ab sofort die sensationellsten Bilder. Dieses «Versagen» trieb den Dreiunddreißigjährigen schließlich in den Pick-up, um sich zu vergiften.

Das Angenehmste an Kevin war, dass man ihn nie schwadronieren hörte: «Ich will der Welt den Spiegel vorhalten.» Ich fragte ihn einmal nach dem Sinn seines Tuns, und Kevin, staubtrocken: «Just to make some fuckin' good pictures.»

DIE ZEITSPENDER

Das Regime in Peking schießt gern die Verbrecher des Landes über den Haufen. (Nein, nicht sich, sondern die anderen Kriminellen.) Die weltrekordartig praktizierte Todesstrafe als Abschreckung. Und Nebenverdienstquelle. Denn die Nieren und Herzen der Füsilierten werden umgehend an die zuständige Mafia verkauft. Die sie gegen einen exorbitanten Cashflow den stinkreichen Nieren- und Herzlosen abtritt. Organspender tot, Organhandel schwer lebendig.

Ich bin für sanftere Methoden zu sterben. Das kam so. Vor ein paar Jahren wanderte ich von Paris nach Berlin, zu Fuß und ohne Geld. Irgendwann nach drei Wochen schleppte ich mich durch ein verregnetes Kaff ins Dorfwirtshaus. Mit dem zuletzt geschnorrten Euro bestellte ich einen Kaffee, saß still und beobachtete vier Männer an der Theke, die alle paar Minuten aufwachten, um ein Bier hinunterzugurgeln. Fünfzigjährige mit den Köpfen von Rentnern.

Plötzlich zuckte in mir die Versuchung, auf einen der Toten zuzugehen und ihm einen Deal vorzuschlagen: mir einen Teil seiner restlichen Lebenszeit zu verkaufen. Ich brauchte keine neue Niere, kein frisches Herz, keine andere Leber, alles funktionierte laut Hausarzt einwandfrei. Nur hundert Jahre fehlten mir, wenn ich an all die Sehnsüchte dachte, die mich augenblicklich plagten. Ich brauchte Zeitspender. Warum also nicht jemandem ein Jahrzehnt abkaufen, der schon gestorben, ja schon Leiche war, bevor er offiziell begraben wurde? Ist doch egal, ob er hundertzwanzig Monate weniger lang stiert und säuft. Ich gebe dem Säufling einen Batzen Geld (fürs Bedudeln), und er tritt mir das Kostbarste ab, von dem er nie auf die Idee käme, es wäre kostbar: Zeit.

Noch eine Szene. Weit weg und doch so ähnlich: Lange Zugfahrt durch Spanien. Im Abteil saß mir ein vielleicht fünfundzwanzigjähriger Junggreis gegenüber. Er schaute nicht, er las nicht, er fläzte nur im Eck und döste – in der Linken das Handy. Und immer wenn es pfiff – ein anderer Döser meldete sich –, wachte er auf und glotzte auf sein Teil. Da nichts passierte in seinem Leben, auch nicht in seinem *Geistesleben*, hatte er jedem seine Nummer gegeben. Damit sie sich melden, wenn bei ihnen auch nichts passierte. Es pfiff oft. Ob sie wussten, dass geteiltes Leid doppeltes Leid ist?

Ich merkte wieder, was für ein verdorbener Zeitgenosse ich war. Natürlich wollte ich dem frühreifen Pensionsberechtigten an den Pelz. Um ihn zu erlösen von der Mühsal einer stockfaden Zukunft. Somit mein Vorschlag an ihn: Er tritt mir zwanzig Jahre ab, ich besorge ihm zwanzig Handys, alle superhightech, supersexy, supergeil. Tausend SMS pro Tag, hundert Fotos pro Stunde, zehn Worte Blabla pro Sekunde. Alles umsonst, alles rund um die Uhr, alles erfunden, um den Terror der Ereignislosigkeit auszuhalten.

Natürlich war mein Angebot frivol. Aber sein Leben versaufen, verdösen, verplappern, verglotzen, verwarten? Ist das nicht anrüchig? Nicht die Mutter aller Sünden, nicht die *eine* unfassbare Todsünde?

MEIN FREUND ANDRÉ

Einst war das Städtchen Sidi Bou Saïd ein Treffpunkt für Schriftsteller und Maler. Flaubert kam, wie Simone de Beauvoir und Michel Foucault. Auch August Macke und Paul Klee kehrten mehrmals hierher zurück. Sie blickten auf das Meer, in den Himmel, auf die Welt. Um sich am Licht zu berauschen. Weil hier ein Blau auf die Erde fiel, das zu allen anderen Blaus inspirierte.

Als ich ankam, waren längst die modernen Zeiten ausgebrochen. Dennoch, das tunesische Dorf mit den knapp sechstausend Einwohnern verfügte noch immer über Charme. Die weißen Häuserwände, die hellblauen Fensterläden, das smaragdfarbene Meer am frühen Nachmittag. Trotzdem, die Denker und Künstler hatten längst die Flucht angetreten, denn die gräulichste aller Demokratien ist seit ein paar Jahrzehnten hier ausgebrochen, die – so nennen es die Soziologen – «Demokratisierung des Reisens». Im Zehn-Minuten-Rhythmus landeten die Busse an, um die Touristen hier abzuladen. Wobei die meisten der Ankommenden sich weigerten, das Wunder zu betrachten, dafür ihre Camcorder und Handys zückten und hartnäckig auf ihren winzigen Bildschirm starrten, ja eiskalt die aberwitzig schöne Welt links (und rechts) liegen ließen. Um sie zu filmen. Als Nachweis für die Daheimgebliebenen, dass sie da waren. Das stimmt natürlich nicht, sie sind hier nur vorbeigekommen, «da» waren sie nicht.

Die Maschinerie in ihrer Hand – irgendein Hundesohn hat dafür das Wort «Kommunikationsmittel» erfunden –

raubte ihnen den Blick auf die Wirklichkeit. Ich hätte mein Abendessen gegeben, wenn jetzt auf ihrer Vierzig-Quadratzentimeter-Leinwand ein Satz des englischen Nobelpreisträgers William Golding erschienen wäre: «Heute haben wir wieder viel fotografiert und wenig gesehen.»

Ich schlich durch das *Hotel Dar Saïd*, wörtlich übersetzt, Haus der Freude. Jeder Buchstabe in diesen drei Worten war wahr. Ein Wunder an arabischer Architektur. Die elegant eingerichteten Zimmer, die Stille, die Schatten, die leuchtenden Bougainvilleen. Vor drei Generationen hatte hier André Gide gewohnt und gearbeitet, auch er ein Nobelgenie, auch er ein Mutmacher. (Und Liebhaber arabisch schöner Jünglinge.) Ich fragte an der Rezeption, ob ich das Zimmer von ihm sehen könnte. Der Mann blätterte im Gästebuch und sagte bedauernd: «Tut mir leid, aber Monsieur Gide ist bei uns nicht abgestiegen. Ein Freund von Ihnen?» Ich nickte, ohne zu zögern, und log voller Ergriffenheit: «Ja, ein Freund von mir.»

Nun, immerhin verschaffte das überrannte Sidi Bou Saïd einen heiteren Augenblick. Auf dem Nachhauseweg kam ich am großen Taxistand vorbei. Ein schwer atmender Mensch rief auf Deutsch einem Fahrer zu: «Meine Mann noch kommen noch.» Und der Tunesier, sachlich und hilfsbereit, rief zurück, ebenfalls auf Deutsch: «Ich warten oder nehmen Frau allein?»

MULTIKULTI

Erinnerung an einen sonnigen Samstag in Ocean Springs. Hübsches Kaff im amerikanischen Bundesstaat Mississippi, direkt am Golf von Mexiko. Es war ein Nachmittag in den frühen neunziger Jahren, als der Kommunismus bereits flächendeckend tot war und ein Teil der hiesigen Bevölkerung beschlossen hatte, dass ab nun die «fags» und die «queens», die Tunten und die Schwuchteln, die Sündenböcke der Welt sind. Ich marschierte – unterwegs als Reporter – mit den Homos, die an diesem Tag eine Demonstration veranstalteten. Unter schwerem Polizeischutz. Demonstration gegen Beleidigungen, Körperverletzung, ja Mord und Totschlag.

Eine lustige Veranstaltung. Etwa sechshundert Schwule marschierten, während links und rechts der Straße die «straights», die «Normalen», die örtlichen Christenmenschen standen, eben all jene, die – verschwitzt streckten sie ihre Poster in die Höhe – vom lieben Gott erfahren hatten, dass hetero sein dem Allgütigen wohlgefiel und schwul sein des Teufels war. Zugegeben, man will sie um die Nonchalance beneiden, mit der die Stiernackigen und Schwerfälligen im Geiste immer wissen, dass a) ein Herrgott über uns weilt und b) ebendieser Herrgott – hoch, hoch über uns – das oder jenes denkt. Man wird den Verdacht nicht los, dass der Herr der Stiernackigen immer wie ein Stiernackiger denkt. Georg Christoph Lichtenberg hat es längst eiskalt aufgeschrieben: «Hätten die Kühe Götter, würden sie wie Kühe aussehen.»

Was haben die Zeilen mit dem Thema zu tun? Alles. Denn *Multikulti* – das Wort riecht arg nach Latzhose und Birkenstock-Sandalen – lässt sich nicht einfordern. Das menschenfreundliche Nebeneinander verschiedener Kulturen (und sexueller Vorlieben) ist per Gesetz nicht zu verordnen. Nicht von Politikern, nicht von Würdenträgern, nicht von anderen öffentlichen Figuren, die vieles mit sich herumtragen, nur keine Würde. Die folglich um keine Würde für andere bitten können. Nicht für «schwule Säue», nicht für «Kanaken» und «Schlitzaugen», nimmer für «Ali» und «Mustafa». Aufrufe mögen helfen, größere Gemetzel für ein paar Tage zu verschieben. Nie helfen sie, eine vernagelte Dunkelbirne in einen Weltbürger zu verwandeln.

Der Vernagelte kann hundert Jahre bei seinem türkischen Gemüsehändler einkaufen und ihn hundert Jahre umsichtig und höflich Gurken eintüten sehen. Und noch immer wird er fluchen und beten, dass der «Mohammedaner» Leine zieht und Kreuzberg räumt.

Damit aus dunkel hell wird, damit zwei Zeitgenossen aufhören, als Feinde aneinander vorbeizugehen, damit Energie, sprich Wärme und Empathie ausbrechen, wäre ein «Quantensprung» vonnöten. Erst wenn ich – die europäische oder türkische oder Welche-auch-immer-Dunkelbirne – sinnlich, also mit allen Sinnen begreife, dass der andere Mensch mir so ähnlich ist, ein armes Schwein ist, getrieben von Ängsten und dem Hunger nach Leben, erst wenn ich den furchterregenden Gedanken zulasse, dass ich um kein Haarbreit der bessere Mensch bin, erst dann entsteht etwas wie Versöhnung und die Begabung, den anderen zu «sehen», ihn wahrzunehmen.

Wer diesen Sprung nicht schafft, wer noch im hundertsten Jahr nach einem Watschenmann für seine Holzwege

Ausschau hält, der wird leiden wie ein Hund. Denn er ist allein, und sechs Milliarden sind seine Feinde.

Invisible man hat der afroamerikanische Schriftsteller Ralph Ellison sein bekanntestes Buch genannt: Unsichtbarer Mensch. Weil der Schwarze nicht als menschliches Wesen zur Kenntnis genommen wird, sondern – hat er Glück – ausschließlich als Schwarzer oder – wenn kein Glück – als *Negro* oder *Brownie* oder *Nigger*.

Noch einmal zurück nach Ocean Springs. Ich mag Schwule. Nicht weil ich als allzeit verständige Seele die Welt bereise, eher, weil ich selbst einmal versuchte, bisexuell zu werden. Und sanglos scheiterte. Mich seitdem damit abfinden muss, als immer nur Heterosexueller den Rest meiner Tage zu verbringen.

Auch diese private Notiz gehört hierher. Weil Homophobie oft mit der Phobie vor eigenen homoerotischen Anwandlungen zu tun hat. Seine Ängste und Träume zugeben, das wäre ein Weg ins Freie. Denn irgendwo bin ich Krieger, irgendwo bin ich Frau, irgendwo bin ich Macho, irgendwo bin ich Männerfreund, irgendwo ein Loser, irgendwo ein Mensch, der einsieht. Zwei Seelen schlagen in meiner Brust? Dass ich nicht lache. Tausend schlagen in mir, in uns. Wenn tausend reichen. Wer seine eigenen Widersprüche aushält, hält die Widersprüche des anderen aus. Auch dessen herausforderndsten: sein Fremdsein.

Wie hell werden, kopfhell? Wie sehen lernen? Wie die Angst loswerden vor einem, der anders daherkommt als man selbst? Reisen allein hilft nicht. Die Deutschen gehören zu den «Reise-Weltmeistern». Sind wir jetzt weltoffen, weltoffener? Spazieren jetzt unsere Ausländer salopper und unbekümmerter durch unsere Straßen? Nicht dass ich wüsste.

Vielleicht hilft weggehen. Und wegbleiben. Für Jahre, mindestens. Selber fremd sein. Vielleicht ereilt uns dann eine Ahnung von der eigenen Provinzialität. Ein Pariser Freund, der die Hälfte seines Lebens im Ausland gelebt hatte, meinte einmal: «Ich bin gern Fremder.» Kluge Bemerkung, denn woanders seine Zeit verbringen macht das Leben verwundbarer, intensiver, vieles destabilisiert, oft muss der Fremde sich neu arrangieren, für den täglichen Grind der Routine bleibt weniger Zeit. Die Gefahr, zweimal denselben Fehler zu machen, ist geringer, die Chancen steigen, neue Irrtümer begehen zu dürfen. Das Herz verhornt langsamer, die Augen erblinden später, das Leben – das Wachsein – dauert länger. Der Verstand, nicht täglich eingelullt von den ewig gleichen Bewegungen des Körpers, weigert sich trotzig, als Kleinhirn zu enden. Die fürchterliche Aussicht, als mutlose Null seine Zeit abzusitzen, diese Aussicht holt den *Outsider* kaum ein. Er ist auf seltsame Weise dankbar. Er darf staunen, er besteht auf Überraschungen.

Natürlich, die Voraussetzung für all das ist der Mut, unvertraute Gedanken und unvertrautes Territorium zu riskieren. Und nie dieser penetranten Lust abzuschwören, zu lernen. Denn auch Flachköpfe haben woanders gelebt und wollen hinterher noch immer nicht lassen von ihrer Flachköpfigkeit.

Nun kommt der zweite Teil des Pamphlets. Den ich jetzt schreibe, fünf Jahre nach dem ersten. Inzwischen bin ich kleinlauter geworden, inzwischen glaube ich nicht mehr an brave Vorsätze, freundliches Guten-Morgen-Sagen und ein freiwilliges Exil, um schwerwiegende Abneigungen und archaische Urängste zu verjagen. Schon möglich, dass wir es damit zum trostlosen Zustand der «Toleranz» schaffen, immerhin den anderen dulden, immerhin ihn nicht vermaledeien und verscheuchen.

Wollen wir tatsächlich vom Fleck kommen, dann müssen ganz andere Anstrengungen her. Soll Multikulti, soll die «Vielkultur» funktionieren, müssen die einen von den anderen was wissen, ja wissen wollen. Ignoranten können nicht miteinander kommunizieren. Erst wenn der fremde Gemüsehändler und der weiße Eingeborene sich für den Lebensraum des anderen interessieren, erst wenn sie die Ebene Verkäufer und Käufer verlassen, erst wenn beide so etwas wie «Weltwissen» – konkret: Wissen über die Türkei, Wissen über Deutschland – in ihren Köpfen abgespeichert haben (Politik, Literatur, Film, Wirtschaft, Kunst, Musik, Klatsch, was auch immer), erst dann besteht die Möglichkeit für Nähe und gegenseitige Bereicherung.

Klar, ich deliriere. Mustafa hat keinen Bock auf die Wortzaubereien von Ernst Jandl, und die Schulzes werden nie ein Liebesgedicht von Nazim Hikmet auswendig lernen. Ja lernen wollen. So bleibt es dunkel unter ihrer Schädeldecke, und das Wort Multikulti wird – bis zur nächsten Ewigkeit – nichts anderes sein als ein sonnengelber Sticker auf einer Latzhose.

DER NICHTRAUCHER-WAHN

Die Menschheit ist zäh. Sie hat die Unfehlbarkeit von 306 Päpsten und Mister Bush jr. überlebt, sie wird Bin Laden überleben, ja sicher auch die nächste Riege rabiater Wichtigtuer, die uns erlösen will. Denn seit kurzem hat eine Rasse von Geiferern die Weltbühne betreten, von der wir nicht sicher sein können, ob sie uns – uns Inhalierer – am Leben lässt. Die Rede ist von den Predigern eines gesunden Todes, den Nikotinfingerlosen, den Lungenbläschenstrahlenden. Ihnen (und uns) will ich eine kleine Geschichte erzählen. Sie spielt in Asien, ich befinde mich in einem Überlandbus, und sie geht so:

Ich saß auf den Stufen der Hintertür, die weit offen stand, festgerostet. Niemand in meiner Nähe, alle Fenster offen, keine fünf Passagiere. Ich zündete mir einen Zigarillo an, wollte die Brise und das Leben genießen. Aber selbst in Schrottmobilen mit einem wild fauchenden Auspuff ist das in modernen Zeiten nicht mehr möglich. Denn auch hierzulande war der Nichtraucher-Wahn angekommen. Der Ticket-Mann wetzte nach hinten und zeigte streng auf den Glimmstängel: Stopp! Eine Farce bahnte sich an. Wir standen gerade an einer Ampel, und die Abgase der umliegenden fünfzig Auspuffrohre – plus die eigene Giftschleuder – zogen an unseren Köpfen vorbei.

Seit dreißig Jahren bin ich Radfahrer und *passiver Autofahrer*, atme den Dreck der größten Luft- und Leibverpester im Universum. Warum steht nicht über jeder Stoßstange (wie «Rauchen tötet!» auf jeder Zigarettenschachtel): «Fahren liquidiert Männer, Frauen und Kinder!» Warum hängt man keinen Fünf-Dollar-Vorhang in Busse? Dann dürfen wir uns, die Unbelehrbaren, im hinteren Drittel vergiften, während vorne die Latzhosen- und Körnerfresser-Fraktion sitzt und die Gebetsmühlen dreht. Auch die muss sterben, aber ganz offensichtlich will sie kerngesund abtreten. Schon Goebbels wusste Bescheid, schon er schien besorgt um das Leben seiner Mitbürger, sein Appell schallte ohne Wenn und Aber: «Die deutsche Frau raucht nicht!»

Hierher, zum weltweiten Wahn der Gesundheits-Ayatollahs, passte die Notiz, die ich vor Tagen in der *Bangkok Post* gelesen hatte. Zu sehen war ein Foto mit dem Kopf eines GIs im Irak. Gefreiter Miller sah gut aus, Drei-Tage-Bart, Schweißspuren, die frisch angezündete Zigarette lässig im rechten Mundwinkel. Das Bild eines Kämpfers nach Einnahme Fallujas durch amerikanische Truppen. Ein Held entspannte. Der Text darunter wies darauf hin, dass das Foto – zuerst in den USA veröffentlicht – Proteststürme beim rechtschaffenen Volk ausgelöst hatte. Hunderte Leserbriefe waren inzwischen eingetroffen, ein unsäglicher Affront sei das, eine Monstrosität. Was? Das Umlegen irakischer Zivilisten? Das Bombardieren Unschuldiger? Das Foltern von Gefangenen? Das Kriegführen in einem Land, das keinem Amerikaner etwas zuleide getan hat? Mitnichten! Der Skandal ist nicht Söldner Miller mit der noch warmen Knarre in der Hand, nein, der Skandal ist, dass wir hier einen rauchenden Söldner sehen. Killen ja, aber als Nichtraucher bitte!

EINE BADEWANNE IN SAIGON

Mit Taxifahrer Hon von der kambodschanischen Grenze nach Saigon. Hon gab sich mysteriös, ein Dutzend Mal sprach er in sein Handy, knapp, keine Gegenrede abwartend. Wäre ich John Le Carré gewesen, dann hätte ich jetzt – ohne ein Wort Vietnamesisch zu verstehen – einen Thriller erfinden können. Mit Hon, dem Doppelagenten, und mir, dem ahnungslos in seine Hände gefallenen Reporter. Mit perfiden Agentinnen und abgründig einsamen Leibwächtern. Und einem fulminanten Happy Ending: Hon und ich, hoch über dem Mekong, an den Landebügeln eines Helikopters hängend und tollkühn (er) für das Böse und (ich) für das Schöne kämpfend.

Als wir das brodelnde Saigon erreichten, traf mich tatsächlich ein Schwinger. Nicht von Hon, der zuvorkommend die Tür öffnete, nein, es war die Hitze, die einem beim Verlassen des Wagens entgegenfauchte.

Als Toter legte ich mich in die Badewanne meines Hotelzimmers. Nur die Glut der Tage? Nur die Mühsal des Reisens? Kam jetzt die Rechnung für den pausenlosen Missbrauch am Körper? Für die zwangsverordnete Ruhelosigkeit, die geizige Ration Schlaf? War jetzt der Reservetank an? Oder war ich tot, weil ein täglicher Kampf gegen einen verwundeten Rücken letzte Reserven auffraß? Hatte doch ein Pariser Autofahrer drei Tage vor meiner Abreise beschlossen, mir den Weg abzuschneiden. Mit dem leidvollen Effekt, dass ich gegen eine Hausmauer prallte und wie ein Käfer vom Fahrradsattel fiel. Rückwärts, rücklings. Das sah umso bizarrer aus, als ich kurz davor am rechten Mittelfinger operiert worden war und noch einen mächtigen Verband trug. Eben an einem so aufregenden Gebrechen wie einer Nagelhautentzündung litt, somit ab sofort an zwei Wundherden laborierte, am Nagel *und* am Rücken. Reporter leben gefährlich – zu Hause.

Wie wahr. Wer zehn Jahre als Radler in Paris überlebt, ist ein Held, ein zäher Held. Insgesamt habe ich vier Unfälle hinter mir. Alle verloren. Und hundert Beinah-Unfälle. Die ich alle verloren hätte. Denn die Vollgas-Athleten, die dem Abgaslosen, dem Arglosen, dem Geräuschlosen nach der Gesundheit (dem Leben?) trachten, ziehen immer als Sieger weiter. Immer unbehelligt, immer ohne Blutflecken und verbeulte Knie.

Aber Baden stimmt milde, die Wärme heilt den Körper, ja besänftigt das gekränkte Herz. Als ich nach einer Stunde dem Wasser entstieg, blieb aller Grimm zurück. Würde die Welt einmal auf mich hören, dann käme jetzt ein Dekret, nein, zwei Dekrete: den Erfinder des Fahrrads heiligzusprechen! Und dem Genie, das den ersten Bottich zimmerte, posthum den Friedensnobelpreis zu verleihen! Denn keine zwei anderen Gerätschaften existieren, die vehementer zum Wohl der Menschheit beitragen.

AIDS WÜTET

Kürzlich las ich einen Schundartikel, hinterher fiel mir ein Satz von Ludwig Wittgenstein ein: «Wer Moral sagt, will betrügen.» Der Schund stammte von einem deutschsprachigen Empörer, so einem moralinsauren Wichtling, der seine schriftlichen Albernheiten per erigierten Zeigefinger verfasste. «Aids wütet», so fing der Sprachwüterich an. Im fernen Thailand tobt es, und unser Mann in Asien – wahrscheinlich hockt er irgendwo zwischen Lüdenscheid und Wurmansquick – outete sich als Gutmensch. Das ist jene Rasse von Zeitgenossen, die mit Kuhblick und Ignoranz grundsätzlich andere verantwortlich macht, jeden anderen, nur nie die Verantwortlichen.

Unüberhörbar vernimmt der Leser den gellenden Entrüstungsschrei des Aufrechten. Natürlich sind nicht die Thais an der Seuche schuld, sondern die weißen Hurensöhne aus Europa, die ins Land des Lächelns jetten, um lüstern und gnadenlos den HIV-Virus zu exportieren. Ach Gottchen. Als ob die Daddys, die sich auf den Weg zur Herbertstraße in St. Pauli machen, nicht auch Sextouristen wären. Die einen reisen mit der U-Bahn an, die anderen nehmen den Flieger. Der Zweck ist allemal der gleiche: das kurzfristige Anmieten eines begehrenswerten Körpers.

«Une érection ne se discute pas!», bemerkte Jean Cocteau, die Erektion ist da, indiskutabel da. Und keine Moral hat sie bisher abschaffen können. Nicht der Geifer der Religionen, nicht die Aussicht auf tödliche Verletzungen. Sex ist so unabschaffbar wie das Geschäft mit ihm. Deshalb soll keiner

Schuldgefühle und Heuchelei predigen, sondern aufklären über die chemisch-biologischen Vorgänge, auf die sich zwei einlassen. Denn sobald die beiden begriffen haben, dass sie an einem lebensgefährlichen Spiel teilnehmen, wenn sie gewissen Regeln nicht folgen, ist das Problem Aids – was den Anteil Sex betrifft – aus der Welt.

Ein Spaziergang durch die Puffs im thailändischen Hinterland lässt ahnen, dass strenge Hygieneregeln eher selten sind. Zudem gehört die Prostitution seit Jahrhunderten zur Kultur des Landes. Lange bevor die ersten «Fick-Bomber» hier landeten. Das Aids-Problem im Königreich ist hausgemacht. Das wissen die Thais (unser Moralapostel weiß es nicht). Und sie wissen von ihrer Zuneigung zum hilfreich-enthemmenden Alkohol, sprich, ihrer Unlust, im entscheidenden Augenblick nach einem Kondom zu greifen. Sie suchen folglich nicht nach Sündenböcken. Was hiesige Stricher und Prostituierte gegen den harten Kern einer unbelehrbaren Kamikaze-Klientel schützt – Kundschaft, die gern tötet und sich gern töten lässt, wenn sie «zum Liebemachen» antritt –, sind Kenntnis und das Gefühl von Verantwortung. Aufklärung kann helfen, Moralkeulen können nichts. Außer Wichtigtuern das erhabene Gefühl zu vermitteln, sie wären wichtig.

VOM ELEND DER SESSHAFTIGKEIT

Charles Bukowski:
Sie machen mich krank
wie sie da auf den Tod warten
mit dem Gleichmut
von Verkehrsampeln

Tatort Manhattan. Nur ein leises Wimmern war zu hören. Es kam von George F., der hinter seiner Wohnungstür seufzte. Undenkbar für ihn, sie zu erreichen. Der Weg zu ihr war verbarrikadiert, wie die fünf Meter zum Telefon, zum Fenster, zum Balkon.

Das Röcheln rettete ihm das Leben, denn ein Passant kam vorbei und verständigte die Feuerwehr. Mit schwerem Gerät musste George ins Freie gehievt werden. Die Diagnose war schnell gefunden, die Krankheit schien weit verbreitet: Der Mensch hortete, konnte von nichts lassen, seine Wohnung glich einer Müllhalde, er war ein Weltmeister der Sesshaften geworden, er *saß fest*. Sogar der Katzensprung zur Tür – und hinter jeder Tür wartet die Welt – war ihm verschlossen. So viel Gerümpel stand im Weg. Er siechte in der eigenen Unbeweglichkeit.

Tatort Mitteleuropa, eine kleine Großstadt, der Name spielt keine Rolle, hier sieht es aus wie überall. Ich bin als Reporter unterwegs, ich soll berichten, wie (radikale) Sesshaftigkeit mürbe macht, wie sie ablenkt von der Welt, von anderen Weltbewohnern, anderen Ideen.

Ich besuchte das Wüstenrot-Büro. Ich nannte mich ab sofort Thomas Luft und machte mir Sorgen um meinen vierzehnjährigen Sohn Ferdinand. Ich wollte ihn versorgt wissen. Die freundliche Bernadette Z. bat mich, Platz zu nehmen. Sie sorgte sich gleich mit und ließ seitenweise *Versorgungspläne* ausdrucken, legte mir einen Trumpf nach dem anderen vor: *Dynamisches Bausparen, Achtzig-Prozent-Jubiläums-Bonus, Vorsorge-Sparen-Plus, Clever-Bausparen, Vier-Prozent-Prämiengarantie, Effektivverzinsung, Maximales Guthaben*. Lauter Wörter, die Ferdinand die blaueste Zukunft versprachen. Leider sprach Bernadette nie die Wörter *Jetzt* oder *Heute* oder *Gegenwart* aus. Alles, was sie hier verkauften, war Zukunft. Für die sollten wir uns «rüsten». Sagte sie. Für das augenblickliche Leben trainierte hier niemand. Kein Wort darüber kam der Freundlichen über die Lippen.

Ich fragte Bernadette, was ich tun sollte. Dem Sohn zum achtzehnten Geburtstag eine Weltreise schenken oder ihm einen Grundstock zur finanziellen Absicherung legen? Jetzt schwankte Bernadette, Weltreise klang sexy. Sie schwankte, fiel aber nicht um, blieb allen Ängsten treu: «Nein, unbedingt Sicherheit!» Okay, nach den ersten sieben Jahren Sparen könnte neu über die Welt verhandelt werden, «denn dann», so Bernadette wunderbar kryptisch, «hat das Geld einen Wert».

Die Wüstenrot-Menschen gehören zu der umtriebigen Berufsgruppe der «Fessler». Die uns fesseln, anbinden, festzurren, uns zum Sitzen und Sitzenbleiben verführen. Nun denn, gebiert Sesshaftigkeit tatsächlich Intoleranz? Geistigen Müßiggang? Nicht unbedingt, nicht immer, aber es schafft das nötige Biotop, die bleierne Atmosphäre, das muffige Klima. Denn wer sich bewegt, fortbewegt Richtung

Fremde, der riskiert, dass seine Urteile und Vorurteile auf der Strecke bleiben und Erfahrungen über ihn kommen, die ihn reicher machen, geistreicher allemal, ja ihn irgendwann dazu überreden, den anderen – was für ein Scheißwort – zu «tolerieren», zu dulden. Nun ja, angesichts der wild wuchernden Hirnlosigkeit auf Erden wäre das ein Fortschritt.

Absurde Träume. Statt einen Vierzehnjährigen (und seinen Vater) mit der Peitsche zurück auf die Straße – in die Welt – zu jagen, richten sie ihn zum Frühgreis ab. Damit er in einem Wüstenrot-Häuschen – gebuckelt von Hypotheken und Ratenzahlungen – seine Restzeit absitzt. Wie soll der Mensch da Zeit finden für die Welt? Für Weltwachheit? Für eigenmächtiges Denken? Für Entwürfe jenseits der eigenen Schädeldecke? Wie noch Geld haben fürs Wandern in entlegene Länder? Hin zu Männern und Frauen, die so verdächtig anders sind als er?

Wer sich in Sicherheit begibt, kommt darin um. Sicher.

Ich irrte weiter, war noch immer Herr Luft, der seinen Sohn in Sicherheit bringen wollte. Im Rathaus wuchs ich über mich hinaus und schaffte tatsächlich den Satz, dass «Ferdinand Beamter werden will», fragte kaltblütig, wo und wie er damit anfangen sollte. (Hätte ich im tatsächlichen Leben einen Filius, der sich zum Duckmäuser und Aschfahlen züchten ließe, ich würde ihn zur Adoption freigeben.) Aber die «Stadt verbeamtet nicht mehr», hörte ich, hier gäbe es nur noch Angestellte. Ich müsste zum *Landamt 2*, dort hätte ich «sicher mehr Glück». Ja, ein Glück nannten sie eine solche Aussicht.

Ich ging und bekam im dritten Stock, «vorletzte Tür hinten», eine imposante Website-Adresse (www.xxxx/themen/bildung/bildung/sch_fragebogen.shtml), von der ich mir die nötigen Formulare herunterladen könnte. Um alles zu wissen über die Karriere eines «Beamtenanwärters». Und bekam den Rat, sollte es eilen, mich zum *Landamt 1* zu begeben.

Ich begab mich und trat ins Zimmer der schönen Emilie E., sie hatte die Unterlagen gleich in der Schublade. Schwarz auf weiß und ungetröstet konnte sie jeder mitnehmen. Noch untröstlicher wohl für jene, die dabei erfahren mussten, dass laut Emilie auch «das Land immer weniger Beamte einstellt». Beim Abschied sagte sie noch den unschuldig-verräterischen Satz, dass sie, die Beamten, «der Regierung zu teuer kommen». (Wie lange doch ein Staat braucht, um die einfachsten Tatsachen ausfindig zu machen.) Da Emilie seit Abiturabschluss Beamtin war, hatte sie sich immer nur von A nach B bewegt, immer nur von einer, wörtlich, «sicheren Basis» geträumt. Von einer Weltreise für einen Achtzehnjährigen wollte sie folglich nichts wissen. Sicher eine ganz und gar unsichere Basis. Sie widersprach mit Nachdruck. «Eher ungünstig», meinte sie.

Wie sagte es Tucholsky: «Ein deutsches Schicksal: vor einem Schalter stehen. Ein deutscher Traum: hinter einem Schalter sitzen.» Nur das Wort deutsch ist falsch, der Traum geht weltweit um.

Ein Freudenschrei für jeden, der jetzt des Wegs gekommen wäre und vor mir seine Phantasien und Sehnsüchte ausgebreitet, mir von seiner Sucht nach «woanders» geredet hätte, einer eben, der andere nicht duldete, sondern darauf bestand, sich an ihnen zu bereichern, und umgekehrt, sie zu bereichern. Einer, der aufmachte, nicht zuriegelte. Einer, der federte, nicht hockte.

Aber der Schwärmer kam nicht, so war ich noch immer Herr Luft, der Irrläufer, und verlief mich zum *Wirt am Eck*.

Hier war es duster, und schon um 14.11 Uhr klebten drei Barflys auf den Kneipenhockern. Sie stierten über den Tresen und machten die Biergläser leer, zügig, wortlos, routiniert. Hier waren sie schon einen Schritt weiter als die restlichen Bewohner, hier übten sie bereits *aktiv Sterben*, während sie ja bei Wüstenrot, Landamt etc. lediglich *aktiv Sterbehilfe leisten*.

Das Treffen mit dem Pfarrer strich ich, obwohl bereits telefonisch mit ihm verabredet. Ich erinnerte mich plötzlich an den Katechismus-Unterricht meiner Jugend, wusste wieder, dass Religionen eine Brutstätte der Intoleranz und zerebralen Unbeweglichkeit waren. Ich musste es nicht nochmals gesagt bekommen. Außerdem wollte ich einen Helden treffen, keinen Aufsager weihrauchranziger Weissagungen.

Und die Stadt schenkte ihn mir, den Kämpen. An einem höchst unerwarteten Ort, mitten im Allianz-Gebäude. Wo mein letzter Versuch stattfinden sollte, die Zukunft meines Sohnes zu organisieren. Ich wurde zum «Finanzdienstleistungsspezialisten» Reinhard M. geführt. Und Magie brach aus. Natürlich legte mir der Spezialist die Mappe *BonusLife* vor, schleuderte mir «je früher, desto besser», «monatlich abrufbar», «Kapitalgarantie» und zwanzig andere schonungslose Wörter entgegen. Natürlich. Aber dann hechtete ich dazwischen und stellte ihm die Frage aller Fragen: «Weltreisender oder Spareinleger?» Und aus dem Sprechautomat wurde im Handumdrehen, absolut aberwitzig, ein sinnlicher Mensch. Was für eine seltsame Alternative, rief er entzückt, klar reisen, klar weltreisen. «Unbezahlbar» wäre das, ja «*die* Gelegenheit, Eigensinn zu üben». Der Mann hob ab, erzählte, wie er als junger Kerl durch die USA geradelt war, wie er noch heute sich nährte von den damaligen Begegnungen. In der Schule – und in diesem Moment wurde R. M. mein Superstar – müsste das «Pflichtfach Welt» eingeführt werden. Als Gegengift im Kampf gegen die «Scheuklappen-Seuche, von der so viele hierzulande infiziert sind».

Ja, Reinhard M. wurde mein Gott. Trotzdem musste ich ihm widersprechen, ein einziges Mal, denn das Wort «hierzulande» war falsch. Beamte mit Recht auf lebenslanges Umbetten, schwadronierende Pfaffen, bedenkenschwere Entwerter und andere Hasenfüße, die schon früh das Angsthaben und Wegdämmern übten, sie alle waren global zu haben. Auch bei mir ums Eck in Paris. Männer und Frauen wie jene aus dieser Stadt gab es in Peking, in Adelaide, in Buenos Aires, in Oberursel und in Macondo. Der Mief steingegossener, ewig sesshafter Gedanken, er geht allerorten um. Dabei ist der Unterschied zwischen den blindwütigen, engherzigen Stubenhockern und den Zeitgenossen mit den Flügeln unter den Sohlen eher winzig. Nur sieben lausige Buchstaben lang, nur ein Flüstern, nichts als eine Ahnung: Neugier.

VIELE KNIPSEN UND EINER SCHAUT HIN

Meist arbeite ich als Reporter allein. Weil ich die Hure sein will. Weil ich will, dass jeder mich anmacht. Und ich jeden anmachen kann. Weil ich anschaffen gehen muss, Geschichten anschaffen. Oft auf die Schnelle, leider. Muss anstiften, muss den anderen, den Fremden, dazu bringen, dass er redet, weiterredet. Und dazu braucht es Intimität. Wo kein Dritter stören darf. Keine Gattin, keine Kinderschar, und – am wenigsten – ein Fotograf. Jener Mensch mit den drei schwarzen Penissen, die vor seiner Brust baumeln. Wie soll einer seine Geheimnisse preisgeben, wenn jemand vor ihm steht und ihn blitzlichtblendend – treffliches Wort – abschießt.

Dennoch, bisweilen reise ich zu zweit, geht nicht anders. Die besseren Fotografen erkennt man sogleich daran, dass sie darauf bestehen, ebenfalls allein zu arbeiten. Die kapiert haben, dass ein Fotograf den Text nicht bebildern soll, sondern bereichern, erweitern. Dass er *seine* Vision der Welt zeigen soll. Und der Schreiber eine andere. Nur schwache Schreiber brauchen Fotos, brauchen Krücken für ihre Mittelmäßigkeit.

Andersherum. Im Hirn eines jeden Lesers surrt eine Kamera, wenn seine Augen über die Zeilen streichen. Er liest und dreht gleichzeitig – mit Hilfe der Imagination – seinen eigenen Film. Bilder entstehen im Kopf, *seine*, nicht die als Massenschund in den Massenmedien verbreiteten «geilen Fotos». Er, der Leser, ist kreativ, für eine Weile redet ihm keiner dazwischen. Beim Betrachten von Bildern schon. Sie sind fertig, gefroren, tot. «L'image tue l'imaginaire», sagen die Franzosen, das Bild tötet die Einbildungskraft.

Bruce Chatwin brachte einmal die Fotos einer Reise zu seinem Verleger. Und der Mann killte den Schriftsteller, indem er meinte: «Die sind so gut, da brauchen wir keinen Text.» Ein Satz wie ein Kinnhaken für jeden, der mit der Produktion von Sätzen sein Geld verdient. Anders muss es heißen, ganz anders: «Die Sprache ist so mitreißend, da stören Fotos nur.»

Dennoch, zuletzt soll eine Hymne auf einen Fotografen stehen. Auf einen, der «sah», nicht auf einen, der hurtig knipste. Auf Henri Cartier-Bresson, der vor ein paar Jahren als sechsundneunzigjähriger Wunderknabe starb. Sagen wir, der Auftrag heißt «Wallstreet». Dann stürmen 999 Belichtungsbeamte los und fotografieren den rotfleckigen, wüst gestikulierenden Broker, der blöd vor Raffsucht in fünf Telefone gleichzeitig plärrt. Der Betrachter dieses Fotos gähnt bereits, weil er solche Typen schon 999-mal so oder so ähnlich gesehen hat. Der tausendste Fotograf jedoch, diesmal Henri, richtet seine Kamera auf einen Mann, der verlassen und abgerissen am Ende der Wallstreet am Boden sitzt. Ein Verlierer. Jetzt schaue ich hin, das Bild verführt mich zum Denken, zum Sehen von Zusammenhängen. Ich verharre, das Foto macht mich klüger, weil ich etwas über die Welt begriffen habe. Ich darf lernen. Was für ein Privileg.

EROS UND SPIELE

AH, KAZUKI

Es gibt Worte, die klingen für immer geheimnisvoll. «Geisha» klingt berückend geheimnisvoll. Wann immer ich es einem Mann gegenüber erwähne, weiß ich, was er denkt. Er denkt: «Tut sie es oder tut sie es nicht?» Er wird mit diesem Rätsel im Kopf sterben, denn nur ein paar tausend Männer leben augenblicklich auf dem Planeten, die je eine Geisha getroffen haben. Und die reden nicht. Wie die Damen, die scheu sind und exklusiv. Seit ich vor Ort war, gehöre ich zu den wenigen Eingeweihten.

Das ist natürlich grandios übertrieben. Sagen wir, ich bin nun einer von jenen, die es um ein Haar hätten wissen können. Wer weder Japaner noch schwerstreich ist, muss sich anstrengen. Aber ich hatte Glück und eine zähe Neugier. Und fand irgendwann in einer Nebenstraße Tokios die achtzehnjährige Junko. Sie war keine Geisha, und sie kannte auch keine. Aber sie wusste von jemandem, der vielleicht von jemandem gehört hatte, der bereits einer Geheimnisvollen begegnet war. «Hinter hundert Ecken wirst du ihr nah sein», sagte sie kichernd und rätselhaft.

Ich muss mich kurz fassen. Müsste ich alle Irrwege durch das wunderbare Japan beschreiben und alle wunderbaren Japanerinnen, die hochprofessionell zu allem bereit waren, nur nicht zu den Künsten einer Geisha, der Leser würde nie bei der Lösung des fernöstlichen Puzzles ankommen.

Wochen und mehr als hundert Ecken später, an einem Dienstagabend, war ich am Ziel. Schiebetüren öffneten sich, und Kazuki stand vor mir. Und verbeugte sich vor dem

Fremden. Der sich tiefer verbeugte. Tout comme il fallait: ihr Kimono mit dem Obi, der große Gürtel mit der großen Schlaufe, das weiß geschminkte Gesicht, die Perücke. Und das Abendessen für einen Shogun, so verschwenderisch, so harmonisch zubereitet stand es im Hotelzimmer.

Seit über zweihundert Jahren gibt es Geishas, «Kunst-Personen», von denen drei Fertigkeiten verlangt werden: unterhalten können, tanzen und ein Instrument spielen. Eben Frauen, die engagiert wurden, um das *ii kimochi*, das gute Gefühl, herzustellen. Die «wahren» Geishas hielten sich daran. Kam es tatsächlich zu einer intimen Beziehung, entstand daraus eine richtige Affäre, der Kunde wurde ihr offizieller Liebhaber, ihr *Danna*, ihr Gönner. Der flinke One-Night-Stand fand nicht statt. Sagen wir, er war die Ausnahme.

Wie wahr würde Kazuki sein? Wir saßen am Boden, vor mir der opulent gedeckte Lacktisch mit den achtzehn Schalen voller kleiner Wunder. Der heiße Sake würde Ruhe bringen. Ein leichter Anfang. Sie schenkte mir ein, ich ihr, so ist es Brauch. Bald redeten wir, Gedanken gingen hin und her, und umgehend brach das Glück aus. Weil keine gackernde «Hostess» müde machte, sondern eine Frau mit Esprit von Japan und japanischen Gedanken erzählte. «Ça fait beau aux yeux», sagen die Franzosen, das tut den Augen gut: wenn man mit ansehen durfte, wie Kazuki *da* war, *da* saß, ihre Hände bewegte und den eleganten Hals ins rechte Licht rückte.

Irgendwann spielte die Geisha auf der dreisaitigen Shamisen. Sie sang das Lied von einem eifersüchtigen Danna, der nicht aushielt, dass seine Geisha-Freundin jeden Abend mit einem anderen Mann zusammen war. Natürlich blickte mich Kazuki dabei eine halbe Sekunde zu lange an. Aber das war Business. Je dezenter solche Signale den Kunden erreichten, umso eher entstand in ihm die Illusion, dass vielleicht doch – nicht heute, nicht morgen, aber kurz danach – der begehrenswerte Mensch seinen kimonoverschnürten Körper auspacken und Zutritt gewähren würde. Diese Illusion lässt ihn wiederkommen.

Ich kam nicht wieder. Als ich Kazuki traf, hatte ich bereits ein Alter erreicht, in dem man begriffen haben sollte, dass von etwas träumen – bisweilen – bereichernder sein kann, als den Traum zu zerstören. Weil er wohl nicht hielt, was er versprach. Von anderen Kollateralschäden ganz zu schweigen. Denn ruiniert wäre, zuallererst, mein Bankkonto. Erst als Export-Chef bei Sony würde ich über genügend Geldsäcke verfügen, um Kazuki den Hof machen und sie – vielleicht – davon überzeugen zu können, dass ich der passende Gönner sei.

Wir verabschiedeten uns. Nach der letzten Verbeugung würde mich die Schöne vergessen. Und ich würde von ihr phantasieren. Wer das konnte, der hatte es leicht. Verspielt wie eine Blume winkte mir die Geisha hinterher, als ich im Taxi saß. Verdammt, so winken können. Mein Blick fiel auf den feisten Nacken des Fahrers. Plötzlich Zweifel, ob – bisweilen – handeln nicht mehr Leben verspräche als träumen. Oh, Kazuki.

DOKTOR SEX

Ich will alles gestehen. Ich war nicht nur bei «Sex-Specialist» Doktor Singh, ich war gleich bei drei Spezialisten. Und wie jeder Mann, der mit dem Schlimmsten rechnen muss, war ich zögerlich. Wer geht schon als Fremder zu einem anderen Fremden, um sich halbnackt vor ihn hinzustellen und seine geheimsten Niederlagen zu beichten. Und wäre es nur aus Freude am Spiel, aus Neugierde auf alles, was an Abrakadabra und Simsalabim möglich ist.

Als Hintergrundinformation sollte noch erwähnt werden, dass alle indischen Männer – okay, eine Million von den fünfhundert Millionen vielleicht nicht – verrückt nach Sex sind. Weil so wenig davon stattfindet. Weil sie in einem grandios scheinheiligen Land leben. Der bigotte Islam und der korsett-frigide Viktorianismus, sie beide knebelten über Jahrhunderte den einst sinnlichen Hinduismus.

«Aids wird nicht nach Indien kommen», verlautbarte vor Jahren ein Innenminister, «weil es in Indien keinen Sex gibt.» Das ist pyramidal übertrieben und auf bestimmte Weise wunderlich wahr. Welcher Indienreisende kennt nicht die imposanten Filmplakate an jeder zweiten Kreuzung, die – ein Beispiel von Tausenden – eine Bollywood-Sexbombe zeigen, die lüstern an ihrer Bluse nestelt, während zehn Meter davon entfernt die 499 Millionen mit brennenden Augen vorbeiziehen und von nichts anderem träumen, als der Lüsternen beim Nesteln behilflich zu sein.

Auch wenn es nie so weit kommen wird, sich nie der

Vamp aus Mumbai aufs Strohlager eines armen Bäuerleins in Rajastan verirrt: Die hiesigen Männer wollen vorbereitet sein. Allein in Old Delhi bin ich an vierzig «Cabinets» vorbeigekommen, die von «Consult for early discharge!» bis «Be a great lover!» Hilfe in Notzeiten anbieten (sagen wir, vorgeben, Hilfe anzubieten). Nicht zu vergessen die fliegenden Händler, die am Straßenrand stehen und per Hand und Bratpfanne Eidechsen-Innereien und Skorpionblut brutzeln, dabei lautstark von den fulminanten Wirkungen ihrer per Garküche gepfuschten Aphrodisiaka schwärmen.

Aber erst Arechya hat mir die Scheu genommen, ein blinder Astrologe. Er fingerte über meine rechte Handfläche und verkündete, dass ich neunundachtzig würde, mir alles im Handumdrehen gelänge, sprich, «fame and glory», Geldsäcke zuhauf und «pure happiness». Bis der Phantast alles zerstörte und mit einer Hochzeit im nächsten Jahr drohte. Mit «beautiful rich woman», okay, noch mehr Geldsäcken, plus «total issue» – das wäre die Gesamtkinderzahl – «nine». Ich taumelte und kicherte. Jetzt hatte ich den passenden Vorwand, ja eine fromme Ausrede, und machte mich auf den Weg zu den Hilfreichen. Jetzt wollte ich es wissen und sie fragen: «Bin ich Manns genug für neun Kinder?»

Das wurde ein wunderbar heiterer Vormittag. Unter einem falschen Namen – Andrew Lightfoot aus New Jersey – klopfte ich an. Bei den «Sexologists» und «Sextherapists», die hier ihre hochdotierten und geheimnisvollen Gaunereien trieben. Und landete in insgesamt drei lausigen Wohnungen, drei «renommierten Sexkliniken».

Das Trio muss sich abgesprochen haben, denn bei jedem lagen schmale Heftchen herum, die den Patienten einstimmen sollten. Um die Seriosität der Etablissements zu betonen, wurde darauf hingewiesen, dass eine Diagnose nur nach einem «thorough physical check-up» erfolgen könnte. Nachdem ich den Satz zu Ende gelesen hatte, schaute der (erste) Onkel Doktor zur Tür herein und bat mich ins drei Quadratmeter winzige Sprechzimmer. Und ich beichtete eiskalt meine «sexual weakness» und den damit verbundenen Schrecken. Denn eine Hochzeit sei geplant, aus der laut indischer Sterne neun Kinder entspringen sollten. Ob er denn eingreifen und mich aufmöbeln könnte?

Und sogleich kam der delikateste Augenblick, heikel in zweifacher Bedeutung. Weil ich jetzt die Hose herunterlassen und zeitgleich einen drängenden Lachkrampf bändigen musste. Denn die drei Sexganoven – jeder in seiner eigenen Bruchbude – übten nun ihr Handwerk aus und begannen die «Ganzkörper-Untersuchung». Augenblicke intensivster Heiterkeit. So bizarr, so abenteuerlich bewiesen sie ihre Ahnungslosigkeit.

Und nur darin, im Grad ihrer Inkompetenz, unterschieden sie sich. Einer, Dr. Gupka, legte ein Stethoskop an meine *most private parts* (Stunde der Wahrheit), der zweite, Dr. Sablok, brauchte eine Lupe (deprimierend) und der Letzte, Dr. Rajinder, pulte mit einem Elefantenvibrator (erfreulich) an mir herum.

Damit war das Examen beendet und die Diagnose stand. Ich war gefasst, denn die Mienen der Experten bekundeten Sorge. Mit Recht, denn ihre Resümees klangen matt, nur verhalten optimistisch. «Kein einfacher Fall!», bekam ich mehrmals zu hören, ebenso «kaum eine Reaktion!» und – entscheidend fürs Geschäft – «die Behandlung wird dauern!». Jeder sagte es ein wenig anders, aber alle meinten das Gleiche.

Und ruckzuck folgte der zweite Teil der «consultation»,

jetzt priesen sie ihre Heilkräuter an, «specially made in China» (seit der Verbreitung von Ginseng gilt das Land als allererste Adresse für einschlägige Gebrechen). Aus dem Indischen übersetzt hieß das: In einem schattigen Hinterhof, zwei Gassen weiter, ließen sie mehlsackweise ihre Placebos herstellen. Wie belanglos. Hier zählen die wunderglitzernden Worte, das Versprechen, zählt der Singsang eines Hochstaplers, der das Opfer mit Sprache in eine selige Ohnmacht manövriert, ihm die unbezahlbare Illusion schenkt, dass Hoffnung und Heilung auf jeden warten.

So offerierte Quacksalber Nummer eins ein «African root treatment», einen Wurzelsaft aus kongolesischen Wäldern. (Dass gerade von China die Rede war, soll niemanden stören.) Der Lupen-Doc offerierte die «Nawabi-Shahana-Super-Special-Pills». Als ich ihn fragte, woher sie stammten, legte er den rechten Zeigefinger auf den Mund. «Secret composition, sorry.» Nur so viel: «Edelsteinpulver» und «Goldstaub» und «Silberkrümel» und – einsamer Höhepunkt – «fußgestampfte Kräuter». Könnte ich meinen Gefühlen freien Lauf lassen, ich würde den Lügenbaron umarmen. Aus Dankbarkeit für die Inszenierung dieser närrisch-munteren Hanswurstiade, die er seinen Kunden bot. Und Mister Rajinder, der Besitzer eines herkulischen Vibrators, legte einen Behälter auf den Tisch, groß wie die Popcorn-Schachtel einer amerikanischen Couchpotato, die das «London Special» barg, nein, verbarg. Denn selbstverständlich wurde auch über diese Mixtur strengstes Stillschweigen gewahrt.

Über den Preis nicht. Hier sprachen sich die Herren aus, er wäre – ist das nicht hinreißend verräterisch? – «a very special price for you». Das war das erste Mal, dass ich ihnen jedes Wort glaubte. Wenn auch anders als von ihnen beabsichtigt. Bei Gott, für Mister Lightfoot, den Ami, hatten sie sich eine Weltrekord-Inflation von schätzungsweise tausend Prozent in zehn Minuten ausgedacht. Einen Schubkarren müsste ich besorgen, um die Rupien-Bündel bei den Bauernfängern abliefern zu können.

Doch auch dafür war ich dankbar, denn somit konnte ich ohne Gesichtsverlust meinen Banker erwähnen, mit dem ich noch Rücksprache halten müsste. Um ein paar Optionen und Hedgefonds zu verkaufen, sprich, die Finanzierung meiner Problemzone zu garantieren.

O ja, das war eine Sternstunde aus meinem Reporterleben. Weil ich so gerissen fabulieren durfte wie die Schlitzohren, die mich ausnehmen wollten. Wir waren ebenbürtige Gegner. Mit drei opulenten Visitenkarten in der Tasche lief ich davon, winkend, strahlend, schwer beruhigt und Kisten voller Papiergeld versprechend. Zwanzig Schritte weiter landete ich wieder mitten in Old Delhi, dem Hexenkessel, dem Märchenland, der Irrenanstalt, der Umwelt-Todsünde, dem Gefilde der Seligen, Gottessüchtigen und Halunken. Schon beim nächsten Chai-Baba musste ich mich setzen. So glücklich war ich, so berauscht von der Leichtigkeit des Lebens. Ich schloss die Augen. Und war unsterblich. Ein paar Sekunden, ein paar Minuten.

EIN MÄNNERHIRN BEI ANNÄHERUNG EINES FRAUENKÖRPERS

Das Männerhirn als Autofokus-Kamera, in Bruchteilen von Sekunden vom Input zum Output. Allzeit bereit. Die Eitelkeit ruft, die Sehnsucht, das gefräßige Verlangen, nichts auszulassen. In rasender Geschwindigkeit wird das Objekt abgetastet und belichtet. Sofortentwicklung, Soforturteil: ja oder nein.

Unser Kopf als Gigabyte-Festplatte, die jedes Mal wieder die Maße einer Frau speichert. Und auswertet. Momente zerebraler Schwerstarbeit, denn in Höchstgeschwindigkeit muss ein Ergebnis vorliegen. Die Frau als Lieblingsobjekt eines rastlosen Männerhirns, das wie der Pawlow'sche Hund darauf hofft, dass nach dem Klingelzeichen die Haut zum Vorschein kommt, sprich, der bloße Anblick einer Frau in ein seliges Abenteuer ausartet.

Doch jetzt hagelt es Frustbeulen. Denn meist gehen wir stillschweigend an unseren Träumen vorbei. Von Lossprudeln keine Rede. Wer will sich schon verwunden im ganz konkreten Leben? Träume träumt man. Sie ausbreiten in der Wirklichkeit? Ach, wir Dünnmänner, wir Vollkasko-Athleten.

Stopp: Das hier ist kein Plädoyer für den zügellosen Lümmel, der mit Vollgas in die nächste Frau fährt. Tapsige Grapscher, lieber nicht. Was freilich bedenklich stimmt, ist diese Nachlässigkeit im Umgang mit unseren Sehnsüchten, von denen wir so kleinlaut Abschied nehmen. Wir werden wohl vergehen an einer Überdosis Illusionen, erledigt von (virtuellen) Frauen, die unsere Köpfe bevölkern und dort oben – unnahbar – liegen bleiben. Als schönes Sperrgut. Uff, unser armer Leib, längst totbeschwichtigt von unserem geschwätzigen Hirn.

Dabei gäbe es ein alle Glieder stärkendes Gegenmittel. Damit endlich das tatsächliche Leben anfängt. Hemingway hat es einmal erwähnt, als er davon sprach, dass es wohl besser sei, eine begehrenswerte Frau anzusprechen und von ihr in die Wüste geschickt zu werden, als stumm und blöd hinter ihr herzuglotzen. Die Erfahrung einer «Niederlage» sei schonender als das ins Fleisch schneidende Eingeständnis der eigenen Feigheit.

Hey, das alles muss nicht sein, das Stummsein, Blödsein, Feigsein. Weil die Frau ja oft zusagt. Nicht alles, aber einen Anfang in Aussicht stellt, eine Möglichkeit, eine Ahnung. Vorausgesetzt, dass der Mensch, der ihr gegenübersteht, über Charme und Leichtigkeit verfügt, über die Gabe des Kopfverdrehens, des Herzverdrehens.

Haben wir das einmal begriffen, wird unser Männerleben viel sinnlicher. Unsere zum Absterben verurteilten Kopfgeburten hörten auf, und das Herzklopfen käme zurück. Zuletzt und allerwichtigst, aus einem Frauenkörper würde wieder ein kompletter Mensch. Wie gut das täte, gerade den Frauen: entspannte, witzige Männer, nicht auszudenken.

PARIS UND ALLE PARISER

George Bernard Shaw:
Wir brauchen dringend einige Verrückte.
Guckt euch an, wo uns
die Normalen hingebracht haben.

Ich erinnere mich an ein Gespräch mit einem Magnum-Fotografen, der seit vielen Jahren in Paris lebt. «Lange Zeit schon», sagte er, «mache ich keine Bilder mehr von der Stadt. Ich bin blind geworden, ich sehe sie nicht mehr.» Wenn er pensionsberechtigt ist, will er es wieder versuchen. Vielleicht entdecken dann seine Augen, was sie jetzt so hartnäckig übergehen.

Schriftsteller leiden an einem ähnlichen Syndrom, eben der panischen Angst, nur abzuschreiben von jenen, die längst alles gesagt haben. Kein anderer Ort im Weltraum wurde inbrünstiger und millionenfacher besungen als Paris, vehementer angebetet, ja so gerühmt, verklärt und ersehnt. Auf keinen Erdteil gingen mehr Liebesgedichte und Schnulzen nieder als hier.

Graham Greene nannte die Einwohner der Stadt das «einzig auserwählte Volk», und der Patron meines Cafés nennt die Jugendlichen aus den Vorstädten, die Samstagabend in der Hauptstadt einfallen, «la racaille», den Abschaum. Die Fronten sind also klar, die Auserwählten wollen unter sich bleiben. Deshalb die Haifisch-Mieten. Die Nähe zu Schönheit und – noch teurer – die Nähe zum Geheimnis der Schönheit haben einen exorbitanten Preis.

Wird einer gefragt, wo er wohnt, und er antwortet mit «New York» oder «Berlin» oder «Kioto», so wird er mehr oder weniger löbliche Kommentare hören. Sagt er jedoch «Paris», dann entkommt dem Fragenden ein seltsames Seufzen. Auch von denen, die nie dort waren, ja, nie dort sein werden. Ein leises Stöhnen wird hörbar, wie wenn ein Mann von einem anderen Mann erfährt, er habe die letzten drei Nächte mit Charlize Theron verbracht. Paris klingt wie Niagara-Fälle, wie Trance, wie die Aussicht auf ein ganz anderes Leben.

Vor Jahren setzte mich ein Fischer im indischen Varanasi über den Ganges. Und Deva fragte: «Woher kommst du?» Und wahrheitsgemäß sagte ich: «Aus Paris.» Und Deva, der Poet, der nebenbei Fischer war, rief in den Himmel: «What a wonderful country!» Wahrer geht es nicht, Paris ist keine Stadt, es ist ein Land, ein Universum, ein sagenhafter Traum.

Nun höre ich das Murren des Lesers aus Quakenbrück: «Ach, schamlos übertrieben! Auch Paris stinkt irgendwo!» Das hat was, dem empörten Zwischenrufer sei eine Tagebuchnotiz von Salvador Dalí erzählt, der eines Tages in der Pariser Metro einen Mann beobachtete, der seinen Gürtel lockerte und seine ganze Männlichkeit dem Publikum entgegenstreckte. Sofort, so berichtet der Maler, erwachte das gesunde Volksempfinden, und der Vorlaute wurde mittels Kinnhaken und Tritten aus dem Waggon befördert.

Das Genie sprach von einer «érection complète et magnifique» und spuckte voller Verachtung auf die Hysterie der Spießer, die brutal einen Zeitgenossen behandelten, der «einen der reinsten und schuldlosesten Akte vollbrachte, deren ein Mann fähig ist in diesen Zeiten der Erniedrigung und des moralischen Abstiegs».

Als ich von diesem Eintrag erfuhr, war ich sofort auf Seiten des Genies. Als hätten wir keine anderen Sorgen, als harmlos erregte Nackte zu verprügeln. Noch nie habe ich die Massen sich erheben sehen, wenn Greisinnen durch die Metro schlurften, um für ein paar Almosen die Hand auszustrecken. Da sollten wir zu prügeln anfangen. Nicht die Greisinnen, nein, aber den Bürgermeister, seine Schranzen, uns selbst. Ob unserer Hartherzigkeit.

Nun, die Dalí-Episode hat ein Nachspiel, sechzig Jahre später. Denn wie Salvador D. saß ich eines Nachts in der Metro und sah mich plötzlich einem Herrn gegenüber, der nonchalant seine Hose aufknöpfte und grinsend auf sein (eher unerhebliches) Gemächt deutete. Zudem auf halbmast, keineswegs «vollständig und prachtvoll». Da die anderen zwei Fahrgäste betrunken im fernen Eck lungerten, bildete ich mir ein, dass die Offerte mir galt. Anders als bei Dalí entblößte sich aber kein schöner Jüngling, sondern ein schlecht riechender Dicker. Höchst überraschend reagierte ich wie die Spießer, öffnete bei der nächsten Station die Tür und schob den Ungustiösen hinaus.

Klar, nicht aus moralischen Gründen griff ich ein, sondern einzig aus ästhetischen. Hässliche Nackte in der Öffentlichkeit, das muss nicht sein. So hat die Geschichte dennoch eine Moral. Auch das Volk der Auserwählten sieht entschieden eleganter aus, wenn es bekleidet auftritt. Dann passen die Pariser wunderbar zu Paris. Dann darf jeder ungeniert die Augen öffnen und endlich den Satz von Dostojewski verstehen: «Schönheit wird die Welt retten.» Sicher nicht, aber diesen einen Augenblick lang schon.

REISE INS HERZ DER DUNKELHEIT

GÜTIGER ALLAH UND HEILIGER VATER

Wer kennt nicht die Situation, eine Zeitung zu lesen und mittendrin innezuhalten. Weil man nicht fasst, was man gerade erfahren hat. Weil man eine Atempause braucht, um sich an das Gelesene heranzutrauen. Reflexartig schließt man die Augen, eine Art psychischer Schutzmechanismus, um den Verstand und den Bauch auf die inneren Druckwellen vorzubereiten.

Ich befand mich in einem Flugzeug Richtung Indien, aus dem Cockpit kam die Nachricht, dass wir uns der Ostgrenze der Türkei näherten und bald irakischen Luftraum betreten würden. Unklar, warum der Pilot uns darüber informierte, denn hier oben war es nicht gefährlicher oder ungefährlicher als im Luftraum über Tahiti. Aber das Timing seiner Auskunft stimmte. Ich las gerade in der mitgebrachten Zeitung, dass eine islamische Gruppe in Bagdad einer Geisel den Kopf abgeschlagen hatte. Und dass sie der Welt – jener Welt, die sie noch nicht enthauptet hatte – einen islamischen «Weltstaat» in Aussicht stellte. Die Videoaufzeichnung der Hinrichtung (der Artikel verwies darauf) konnte man folglich nur als Visitenkarte verstehen, als Vorgeschmack einer «kosmischen Ordnung», in der – so frohlockten die Barbaren – «Allah, der Allgütige» das Kommando übernehmen würde.

Nach diesem Satz schloss ich die Augen. Ich beamte mich in den Kopf des zum Tode durch «das Schwert der Gerechtigkeit» Verurteilten. Eines Amerikaners. Ich wollte wissen, was in ihm vorgegangen war, wenige Minuten, nachdem er das Urteil gehört hatte, und wenige Minuten, bevor sein Leben durch die Hand eines fanatischen Irrlichts zerstört wurde.

Natürlich erfuhr ich es nicht. Wie denn? Man müsste selbst lebensgefährlich bedroht werden, um diese Todesangst zu fühlen. Aber ich spürte die Druckwellen. Lange, denn es gibt Seelenzustände, die wie eine Brandung das Herz überschwemmen. Man kann sich nicht wehren, man kann nur warten, bis sich die Wogen zurückziehen.

War es so weit, las ich weiter. Buchstaben und Sprache hatte ich immer als Bodyguards gegen die Zumutungen der Zeit empfunden. Diesmal nicht. Denn wie vom Teufel choreographiert stieß ich zwei Seiten weiter auf die Meldung, dass der Papst nach Lourdes gereist war, um «das hundertfünfzigjährige Dogma der *Unbefleckten Empfängnis* zu feiern». Jenes Dogma, das besagt, «dass die Gottesmutter Maria» – so stand es schwarz auf weiß geschrieben – «auf natürliche Weise, aber von jedem Makel der Erbsünde befreit, empfangen und geboren» hatte. Papst Pius IX. war so frei, dieses himmlische Ammenmärchen unter der Überschrift *Ineffabilis Deus* («Der unbegreifliche Gott») in die Welt zu setzen.

Als ich die Passage zu Ende gelesen hatte, geschah etwas vollkommen Absurdes. Ich musste wohl dermaßen unter Stress geraten sein über die Meldung der Hinrichtung und den Nonsens von erbsündebefreiten Gottesmüttern alias Gottessöhne gebärenden Jungfrauen, dass ich vollkommen unbewusst, ja gehetzt nach vorne zur Titelseite blätterte, um das Erscheinungsdatum der Zeitung nachzuschauen. Für ein, zwei Sekunden war ich unwiderruflich der Meinung, dass es sich um eine Postille aus dem Mittelalter handeln musste. Aus dem Jahr 1046 oder 1293, eben tausend oder siebenhundert Jahre zurück. Ungläubig starrte ich jedoch auf den «16. August 2004», den heutigen Tag. Wieder schloss ich die Augen, wieder kamen die Druckwellen. Diesmal war es der Idiotismus, der zu einer Pause zwang.

Unfassbar, wir waren bereits im 21. Jahrhundert angekommen, und die einen hackten den «Ungläubigen» den Schädel vom Körper, während die anderen – allen voran ein «Heiliger Vater» – die Weltpresse wissen ließen, dass der «unfehlbare Stellvertreter Gottes auf Erden» mit seinem Tross nach Lourdes aufgebrochen war. Um eine «ewige Wahrheit» aus dem Jahr 1854 zu bestätigen. Ebenfalls von einem Unfehlbaren verfasst.

Dennoch, nach den Druckwellen schaffte ich irgendwann ein Grinsen. Trotz alledem, trotz namenloser Grausamkeit, trotz höllischer Narretei, die beizeiten umging in der Welt. Und wieder war es die Sprache, die mich versöhnte. Denn zwei Sätze fielen mir ein, die ich an einer Kirchen(!)mauer in Mexiko entdeckt hatte: *Was ist der Unterschied zwischen Genie und Dummheit? – Genie hat Grenzen.*

EIN MANN MIT FLÖHEN UND
ZWEI MÄNNER MIT TRÄUMEN

Auf der Flucht vor der Fußballweltmeisterschaft landete ich in Südamerika. Ein widrigeres Versteck hätte ich nicht finden können. Vier Wochen lang dröhnte das Gebrüll aus Deutschland via fünfzig Millionen Fernseher über den Kontinent. Ich gehörte zur Minderheit der beleidigten Würstchen, die griesgrämig mit ansehen (mit anhören!) mussten, wie die Welt von einem Orgasmus in den nächsten delirierte. Da laut Umfragen immer weniger Sex in Mitteleuropa stattfand, war die Lust auf Höhepunkte durchaus verständlich. Diesmal eben als Massenorgie.

Wie es der Teufel will, saß ich an einem verregneten Junitag in einer Kaschemme, irgendwo in einem Vorort Limas, der Hauptstadt Perus. Ich war mutig und blickte durchs Fenster, vor dem die Habenichtse der Umgebung vorbeischlurften. Einbeinig, einäugig, einseitig gelähmt, das Übliche. Die meisten kamen in Sack und Asche vorbei. Einer suchte nach seinen Flöhen.

Jetzt trat der Teufel ein zweites Mal auf und lenkte meinen Blick auf *El Comercio*, die Zeitung lag auf dem Nebentisch. «El otro Mundial», die andere Weltmeisterschaft, stand auf der Titelseite, und sofort begann ich zu lesen. Es ging um den Titanenkampf zwischen *Nike* und *Adidas*, um den Krieg zwischen den beiden führenden Marken, die jenen Sommermonat 2006 als ultimatives Schlachtfeld betrachteten. Während der eine nach Flöhen suchte, legten die beiden Direktoren gigantische Zahlen vor. Nike hatte im abgeschlossenen Jahr für insgesamt dreizehn Milliarden und siebenhundert Millionen Dollar Gummischuhe und Hemdchen verkauft, Adidas für zwölf Milliarden. Beide verhökerten im selben Zeitraum für jeweils hundertfünfundzwanzig Millionen ihre Fußball-Gummischuhe, weltweit. «Bedauerlich», hieß es, denn allein in den USA wurden für zwei Milliarden und hundert Millionen Dollar Basketball-Gummischuhe über den Ladentisch geschoben. Beide Bosse haben geschworen, dass das alles anders werden soll, sprich, noch mehr Tröpfe gefunden werden müssen, die nur dann glauben, Fußball spielen zu können, wenn sie sich den Ring Nike oder den Ring Adidas durch die Nase ziehen lassen.

Ist das nicht eine Geschichte aus hochmodernen Zeiten? Eben eine von rastloser Gier und rastloser Gehirnwäsche? Träumen wir nicht alle davon, nach einem gesegneten Tagwerk mit dem erhebenden Gedanken ins Bett zu steigen, Weltmeister im Verschleudern von bunten Gummischuhen und bunten Leibchen zu sein? Wollen wir denn nicht alle noch raffgieriger werden, noch verdummter, noch nasenringbehängter? Oder wollen wir was anderes? Wollen wir nicht, wenigstens ab und zu, Aristoteles zuhören, der eines blau strahlenden Morgens vor 2400 Jahren auf dem Marktplatz von Athen stand und entzückt ausrief: «Noch nie sah ich so viele Dinge, die ich nicht brauche!»

DIE BEICHTE

Ich liebe es, mich auf Kosten der Einfältigen zu amüsieren. So habe ich mich oft vergnügt in den USA, aber am vergnüglichsten war es in Baton Rouge. Hier, in der Hauptstadt Louisianas, residiert einer der formidabelsten Scheinheiligen der westlichen Hemisphäre, hier wirtschaftet Jimmy Swaggart. Lügenbaron, Hurensohn, Multimillionär, Televangelist. Und «Auserwählter von Gottes Gnaden». Sagt er, predigt er.

Um 9.55 Uhr betrat ich sein *Family Worship Center*, wie jeden Sonntag gab es hier ein Jimmy-Swaggart-Spektakel. Schlag zehn zog der Chor in Nachthemd und steifer Halskrause auf die Altarbühne, griffen sieben Musiker in die Instrumente, stimmten sich vier Vorsänger ein, liefen fünf Fernsehkameras, sprang Jimmy ans Mikrophon und jubelte mit velourssamtener Stimme hinauf in den Himmel: «I came to praise the Lord.»

Lange ging das, das Wimmern, das Jauchzen, das Jubilieren. Dann die Stunde der «deliverance», der Erlösung. Und Swaggart, der schon zweimal von einem Konkurrenz-Prediger beim Knien hinter einer Hure erwischt worden war, bat alle Mühseligen und Beladenen nach vorne. Und alle Säufer, Junkies, Sexbesessenen, Fresssüchtigen und Schwerstbeladenen schnieften und schlurften Richtung Balustrade. Und der Welt erster Handaufleger bedeckte ihre Häupter. Untrügliches Zeichen, dass gerade der Heilige Geist einschwebte. Um 12.17 Uhr verebbten die letzten Weinkrämpfe himmlischer Ekstase. Die Schafsherde war entlassen. Ende.

Fast. Als Swaggart durch eine Seitentür verschwand, eilte ich hinterher und stellte mich ihm in den Weg. Demütig hatte ich seine Autobiographie mitgebracht, *To cross the River*, und bat um eine Widmung. Nachdem er jovial «To Andreas in Christ» hineingekritzelt hatte, fasste ich Mut und war ab sofort der Sünder, der sein erdrückendes Problem stammelte: «Sorry, Mister Swaggert, aber ich muss dauernd an nackte Frauen denken! Können Sie mir helfen?» Und Jimmy, der gottbegnadete Showman und Abzocker, lächelte nachsichtig (er weiß, wovon ich rede), legte seine warme Rechte auf meinen Kopf und wisperte unschlagbar ölig: «Lass uns beten. Auf dass der Heilige Geist diese Gedanken in die Hölle fahren lässt und sie niemals zurückkehren.» Bewispert und geölt wankte ich nach draußen.

Als jämmerlicher Versager. Denn der Teufel wollte, dass mir auf dem Parkplatz ein louisianisches Busenwunder entgegenkam. Mit einem asiatischen Lächeln. Ich Ferkel, hier stand ich und konnte nicht anders. Als bewundern. Doch Satanos war gnädig, zur Versuchung lieferte er eine kleine Erleuchtung gleich mit: dass weibliche Schönheit ewig irdisch wahr ist und jede himmlische Weissagung nichts als vorlaute Behauptung.

FROHE OSTERN

Wieder ein sinniges Ostern. Herr Ratzinger alias «Heiliger Vater» alias «Stellvertreter Gottes» hat abermals vom hübschen Vatikanbalkon aus zu uns gesprochen. «Christus ist auferstanden!», so die erste Beteuerung. Dann noch manch anderer Satz, immer wieder frohlockend, dass der Herr tatsächlich dem Reich der Toten entstiegen ist.

Im zweiten Teil der 1450 Wörter langen Rede sprach der Papst von denen, die noch immer tot sind, leierte – wie jedes Jahr – die Brandherde des Planeten herunter. Politisch korrekt wurde kein Desaster ausgelassen, die Salomon-Inseln, Simbabwe, Madagaskar, ganz Lateinamerika, Somalia, Libanon, der Kongo, Timor, Afghanistan, natürlich Darfur, natürlich der Nahe Osten, natürlich Irak. Ich habe mir übers Internet die Gesichter der «hunderttausend Gläubigen» auf dem Sankt-Peters-Platz angeschaut. Wer genau hinsah, wurde den Eindruck nicht los, dass wieder einmal die große Langeweile umging, dass das Fußvolk wieder einmal den Kopf woanders hatte als beim Geleier des Oberhirten. Der wieder einmal nichts Neues seinen Schafen zu bieten hatte. Nur immer Ankündigungen. Nie die Bestätigung einer Ankündigung. Nun, der Oberschafshirte glaubte die zweitausend Jahre lang abgestandenen Sprüche wohl selbst nicht, sagte er doch glatt: «Ein Gefühl des Erstaunens (über die Auferstehung) angesichts einer Tatsache, die zu überraschend ist, um wahr zu sein.» Wie wahr.

Plötzlich fiel mir beim Blick über die riesige Schafsherde ein Tag in Nouadihibou ein. Ich wanderte durch die

Slums der mauretanischen Küstenstadt. Schon von weitem war das Blöken von Achtjährigen zu hören, die typischen Geräusche einer Koranschule. Alles in Arabisch, nicht ein halbes Wort verstanden sie von dem, was man ihnen einbläute. Irgendwann schrieb der Lehrer den Kindern einen neuen Satz auf. Den sie wieder nicht lesen, wieder nur nachblöken konnten. (Schafe blöken weltweit.) Sicher das «Wort Allahs», sicher «geweissagt zu Medina». Keinen Strom, kein fließendes Wasser hatten sie hier, auch nichts, was Spuren von Geist verriet, nichts. Nur göttliche Sprüche, das schon. Zum Betäuben, zum Weiterblöken, zum Weiterdämmern.

Eine Aufregung gab es jedoch, sie weckte auf, sie belebte die Sinne, sie war berückend und lehrreich. Hundert Meter weiter hing ein Plakat, der Hinweis auf einen Film, *L'éducation anglaise*, irgendein Softporno. Man sah auf dem Poster einen vollreifen Teenie, der in einer Badewanne saß. Ich verbarg mich hinter der nächsten Ecke und schaute zu. Nach einer Stunde war alles klar. Kein einziger Gottesfürchtiger ging vorbei (mancher hielt inne, wenn er sich allein glaubte), ohne einen sehnsüchtigen Blick auf die Siebzehnjährige zu werfen, wohl davon träumend, zu der «Ungläubigen» in die Wanne steigen zu dürfen. Um für einen halben Tag den Stuss vom Paradies zu vergessen und hier auf Erden das Wunder der Schönheit und Hingabe zu erfahren. Wieder soll Karl Kraus aushelfen, keiner fragte ketzerischer: «Gibt es ein Leben vor dem Tod?» Für die meisten nicht einmal das.

ZWEI EINSAME FRAUEN

Ich werde bisweilen gefragt, wie ein Reporter die Bilder «verarbeitet», denen er im Laufe seiner Tätigkeit begegnet. Nicht die Foto-Bilder, nein, die echten, die Direktaufnahmen von Mensch zu Mensch, von Angesicht zu Angesicht. Jene, die keine Kamera macht, sondern die sich direkt – direkt übers Auge – ins Hirn, ins Herz graben.

Ich weiß nicht, wie andere es machen, ich jedenfalls verarbeite nichts. Die Gesichter und die dazugehörigen Leiber, meist ebenfalls geschunden, bleiben bei mir. Sie lassen nicht los, sie erinnern mich an das eigene Glück und das Unglück jener, die ein leichteres Leben nicht weniger verdient hätten als ich. Diese Erinnerungen tragen gewiss dazu bei, dass ich täglich fassungsloser auf die Welt blicke.

Hier die Geschichte eines Bildes, das sich nicht verscheuchen lässt. Ich bin mir nicht sicher, ob es ein anderes in meinem «Archiv» gibt, jenem virtuellen Speicher unter der Schädeldecke, das es mit ihm aufnehmen könnte. Es entstand in Dhaka, der Hauptstadt von Bangladesch. Ich war mit Fotograf Uli Reinhardt gekommen, um eine Reportage über ein Phänomen zu schreiben, das in keinem Land so verbreitet ist wie hier: Abgewiesene Männer besorgen sich ein Fläschchen Säure – billig, leicht, lautlos – und schütten den Inhalt auf jene Frauen, die nichts von ihnen wissen wollen.

Nur im *Medical College Hospital,* dem größten Krankenhaus, gab es eine «Burn Unit». Der pompöse Name bezeichnete ein größeres Zimmer mit einer kaputt gerosteten

Klimaanlage, zwei funktionierenden Ventilatoren, mit ein paar hundert gefräßigen Fliegen und drei dumpf und abwesend dasitzenden Krankenschwestern. Hier dämmerten die Patienten mit den schweren, nein, den schwersten Verbrennungen. Die Unfallopfer, die Brandopfer, die Eifersuchts-Opfer. Ebenjene Frauen, denen eine Säure-Attacke den Kopf, den Körper, das Leben verwüstet hatte. Acht Betten mit acht fleckigen Leintüchern für eine Bevölkerung von 128 Millionen. Zwei Ecken weiter stank die Toilette, fünf Schritte davor begann die Kotspur, um die Schüssel schwammen die Fäkalien. Der Abfluss sei verstopft, hieß es. Nicht, dass jemand auf die Idee gekommen wäre, das Problem zu beheben. Er klemmte, insch'allah.

Das Bild, das unfassbarste, entstand jedoch nicht in diesem Raum mit den lebenslänglich zur Trauer und zum Traurigsein Verurteilten. Entstand nicht im *Thikana*, einem privat gesponserten «Frauenhaus», wo die aus dem Krankenhaus Entlassenen weiterzuleben versuchen. (Hinter verbarrikadierten Türen, da die Freier mit weiteren Attacken drohen.) Entstand nicht bei *Naripokkho*, einer von ausländischen Spenden finanzierten Organisation, die den Überlebenden hilft, einen Sinn für ihre Existenz zu finden, sie neu ausbildet, damit die Gedemütigten die nächsten fünfzig Jahre nicht als greinende Krüppelweiber durch Dhakas Abgasschluchten irren müssen. Entstand nicht in den Gesprächen mit den Mädchen und Frauen, die irgendwann doch die Nerven verloren und mit den Händen ihre zu rußschwarzen Halloween-Fratzen entstellten Gesichter bedeckten. Und haltlos zu schluchzen begannen, wieder einmal überwältigt vom Verlust dessen, was einmal jung und schön war.

Das eine, das eine unvergessliche Bild entstand im Hinterhof des *Medical College Hospital*. Dort lag die Waschküche. Finstere sechs Quadratmeter mit einer abgewetzten Wanne voll chemisch gereinigten Wassers. Zur Säuberung der Wunden. Zuerst kam Asma, die Fünfundzwanzigjährige, im achten Monat schwanger. Sie musste gestützt werden. Brandspuren, jede handbreit, zogen über ihr Gesicht, ein Brandherd lag über ihrem Oberkörper. Wie soll dieser entstellte Bauch je das Kind gebären? Ich hatte sie in den letzten fünf Tagen vieles gefragt, nur das nicht. So viel Konfrontation mit der Wirklichkeit wollte ich ihr nicht zumuten. Asma hatte immer geflüstert, mehr Kraft konnte sie nicht mobilisieren. Ihre Geschichte war anders: Ehemann Rashid forderte immer mehr «dowry» von ihrer (ärmlichen) Familie, mehr Aussteuer. Forderte mit Worten, mit Prügel, zuletzt zwang er sie auf die Knie, versuchte mit Gewalt, ihr eine volle Ladung Säure in den Mund zu schütten. Doch Asma wehrte sich in Todesangst, bäumte sich auf, die hundert (!) Milliliter landeten auf ihrer Haut.

Das Bild ist noch nicht vollständig. Popy wurde in die Waschküche geführt. Die Zwanzigjährige hatte früher als Küchenhilfe in einer Privatklinik gearbeitet. Seit drei Monaten war sie eine Ruine mit einem Kopf aus der Hölle, ein *eraser head*. Ihre heutige Blindheit hatte zumindest den Vorteil, dass sie das Entsetzen derjenigen nicht sah, die ihr gegenübertraten. Mehr als ein Drittel der linken Gesichtshälfte war weg, weggeschmort. Wo sich früher Wange und Auge befanden, pappte jetzt eine dunkelbraun vernarbte Kruste, wie verschorftes Wellblech. Das linke Ohr war zu einer Warze verkommen, irgendwo bewegten sich die bizarr auseinandergetriebenen Lippen. Bis der Blick des Betrachters die verbrannten Schultern erreichte, den verheerten Torso, die weggeätzten Brüste. Vielleicht würde die fünfte

Operation einen Teil der Sehkraft des rechten Auges retten. «Maybe», so der Arzt.

Popys Leben war vor drei Monaten abgestürzt, in ein, zwei Sekunden. Nach der Arbeit bestieg sie eine Rikscha, um nach Hause zu fahren. Popy war verheiratet, Mutter einer zweijährigen Tochter. Zudem bildhübsch und seit längerer Zeit der Traum eines jungen Kerls, der sie bedrängte, ja jagte. Da sein Ansinnen unerwidert blieb, entschloss sich der Rachsüchtige an diesem Aprilabend zum wohl geplanten Irrsinn. Kaum setzte sich das Vehikel in Bewegung, stürmte der Halbwüchsige auf Popy zu und feuerte eine Überdosis Säure auf sie ab. Wie ein Lauffeuer fraß sich der Schwefel in ihr Fleisch.

Die beiden Frauen saßen jetzt nebeneinander, auf winzigen Plastikhockern, während zwei Pflegerinnen – von *Naripokkho* bezahlt – vorsichtig die offenen Wunden abtupften und anschließend sacht Wasser über die vergewaltigten Gesichter und Körper gossen. Dann gingen sie. Jetzt begann das Bild.

Ich war nicht in der Waschküche, deren kaputte Tür ausgehängt danebenlehnte. Ich stand fünf Meter entfernt in einem Eck, diskret, wollte ihnen die Scham nicht antun, dass ein Fremder sie so nackt und verlassen sah. Die Absurdität dieses Augenblicks wurde durch das Lachen von Kindern noch bestärkt, die hinter der Mauer Fußball spielten. Ich habe mich damals gefragt, ob es tiefere Schichten von Einsamkeit gibt. Ich weiß es nicht, natürlich nicht. Ich sah nur Asma und Popy, die vollkommen still und unbeweglich auf diesen bizarr kleinen Stühlen hockten. Wohl warteten, dass sie jemand abholte und zurückbrachte in den dritten Stock. Vögel zwitscherten, die fröhlichen Kinderstimmen. Ich habe nicht geheult. Das Bild hat mich nicht erreicht. Es war zu monströs. Ich habe es nicht zugelassen. Instinktiv wehrte ich mich dagegen. Aber ich habe es abgespeichert. Seither trage ich es mit mir herum. Unlöschbar.

WOHLTATEN UND NIEDERLAGEN
DER SPRACHE

VERSE SCHMIEDEN, RACHE SCHMIEDEN

Israelis und Palästinenser werfen sich wieder Missiles zu. Beide Seiten Opfer, beide borniert. Wobei die israelische Seite entschieden bornierter und erfolgreicher tötet als ihre Gegner. Während der Zeitungslektüre über die Unbelehrbaren fällt mir ein, dass ich vor Jahren, nicht weit vom Gazastreifen entfernt, in einem Café saß. In Ägypten, auf der Halbinsel Sinai. Auch an diesem Tag flogen Geschosse. Was sonst.

Ich saß still im Eck und las die Gedichte eines Friedfertigen. Von Konstantin Kavafis, einem Griechen, der 1863 in Alexandria geboren wurde und dort sein Leben verbrachte. Er ist wohl der einzige Dichter der Weltgeschichte, der bis zu seinem Tod nie ein (offizielles) Buch veröffentlicht hatte und doch wie ein schreibender Gott verehrt wurde.

Seine so privilegierte, so problematische Existenz. Luxuriös aufgewachsen, in England erzogen, sich in Alexandria ganz seinen Neigungen und Versuchungen hingegeben. Publizierte in Zeitungen, gab bisweilen einen Privatdruck heraus, arbeitete in der Nilverwaltung. Was an seinen Gedichten so bewegt, ist der Mut, die Radikalität, mit der er von der Einmaligkeit und der skandalösen Kürze des Lebens schreibt. Der man nur mit Hingabe an die Sinnlichkeit begegnen könne. Die Sinnlichkeit der Sprache und der Körper. Oft spricht Kavafis von seiner Sucht nach Schönheit, der Sehnsucht, sie zu berühren und von ihr berührt zu werden. Als hätte er geahnt, dass er bereits 1933 an Rachenkrebs sterben würde. Einmal verweist er so augenfällig auf unser aller Todsünde: «Und dennoch scheint ihm, die Zeit seiner Jugend/erst gestern war. Welch kurze Dauer, welch kurze Dauer./Und er grübelt, wie sehr die Vernunft ihn gefoppt/und wie sehr er ihr vertraut hat – welch Wahnsinn! –/ der Lügnerin, die sagte: ‹Morgen, du hast noch viel Zeit.›/ Erinnert sich der Begierden, die er unterdrückt,/der vielen/ Freude, die er geopfert hat.»

Kavafis war auch Kind, auch Opfer seiner Zeit. Tagebuch-Einträge berichten von seiner «Unfähigkeit», seine Homosexualität zu unterdrücken, von seinen Schuldgefühlen, wenn er in erotischen Notzeiten – «ich schwöre, ich werde es nie wieder tun!» – masturbiert hatte. (Was man nicht ohne Grinsen zur Kenntnis nimmt.) Dennoch, meist ließ ihn die Bigotterie der moralisch Hochgerüsteten kalt. Ich will die letzten Zeilen eines Gedichts vorstellen, es heißt *Fragte nach der Machart*. Es geht um einen jungen Kerl, der am Ende seiner Arbeit nach Hause schlendert und plötzlich in einem schäbigen Laden ein Gesicht – Frau?, Mann? – sieht, das ihn hineinzieht:

... und er ging hinein und bat,
dürft er wohl ansehen farbige Taschentücher.
Fragte nach der Machart der Taschentücher,
und was sie kosten mit erstickter Stimme,
fast erloschener unter der Begierde.
Und entsprechend kamen die Antworten,
halb zerstreut mit gedämpfter Stimme,
mit darunter verborgenem Einverständnis.
Sagten sie auch etwas von der Ware – aber
einziges Ziel: dass ihre Hände sich streiften
über den Taschentüchern, dass nah sich kämen
die Gesichter, die Lippen wie im Zufall ...

Es gibt eine Sprache, bei der dem Leser der Herzmuskel schmerzt. Weil sie an die eigene Mutlosigkeit erinnert, an unsere Finten, jene Momente, in denen wir hätten stark sein sollen. Aber uns anders entschieden, eben für das Laue, das Träge, die Sucht nach Komfort. Wer Kavafis liest, der wird diesem Schmerz nicht entkommen. Und nicht den Mahnungen, es sich anders zu überlegen. Er wird dessen Sprache als Lebenselixier begreifen, als zornigen Weckruf, als Peitsche.

Ich saß damals lange in dem Café. Nahe den Bomben, aber in Sicherheit. Kavafis schmiedete Verse, und andere schmiedeten Rachepläne, hetzten in den Krieg. Und die einen durften reisen und Gedichte lesen, und die anderen mussten den Hass ausbaden und zum Sterben antreten. Ich weiß bis heute nicht, warum das so ist. «Life is a bitch.» Das sagte kein Dichter, sondern Joey, ein amerikanischer Mechaniker, bei dem ich mit einer kaputten Pleuelstange vorbeigekommen war. Keine göttliche Zeile, aber durchaus bemerkenswert.

HOSNI, DER EINLULLER

Ach, Kairo. Wer die Passkontrolle hinter sich hatte, betrat eine Arena. Ich hatte sie dreieinhalb Sekunden hinter mir, und Mohamed und Mohamed – viele Mohameds kennt die Stadt – umzingelten mich. Radny stieß dazu. Wir erreichten den Ausgang und hatten uns inzwischen verdoppelt. Acht der achttausend Taxifahrer Kairos auf der Jagd nach Beute. Mohamed II. sagte einen vernünftigen Preis, zielsicher zogen wir Richtung rostiger Fiat.

Zu meinem Hotel war es noch weit. Wir saßen bereits, da sprang Mohamed II. wild entschlossen von seinem Fahrersitz und rannte auf einen Mann zu, der sich ebenfalls wild entschlossen näherte. Und Tonnen von heißen Worten schütteten sie aufeinander, schrien, deuteten schreiend auf mich. Wahrscheinlich hatte der falsche Mann die Beute abgeschleppt.

Augenblicklich waren wir in Arabien, und die hitzigen Reden würden für längere Zeit nicht versiegen. So lud ich den Rucksack auf und schlich davon. Mit Glück, denn auf halbem Weg zurück schenkte mir Allah einen dritten Mohamed. Wir huschten zu seinem Wagen und preschten los.

Ankunft im Hotel. Wir zogen zu fünft in mein Zimmer. Einer öffnete die Lifttür, der andere schloss sie, der Dritte trug meine Tasche, der Vierte den Zimmerschlüssel. Als sie den Raum verlassen hatten, wusste ich bereits, dass meine Trinkgelder den vier und ihren siebenundvierzig Familienangehörigen zugute kommen würden. Einem Sack Schuldgefühle, auch dem entkam vor Ort kein Reisender.

Ich wollte telefonieren, die Leitung wackelte, ich kam nicht durch, eine Stimme sagte forsch: «Please, replace the telephone.» Unheimlicher Orient, ich sollte das Telefon ersetzen. Ein paar Gedankensprünge später ahnte ich, was gemeint war: Leg den Hörer wieder auf! Auch das gab es, Sprache, die nichts klärte, nur neue Mühsal anhäufte. Vom Stress, ein wackelfreies Telefon zu finden, nicht zu reden.

Um fünf Uhr morgens wurde ich zu Allah gerufen, der Muezzin bohrte sich in meinen Schlaf. Wie neunundneunzig Prozent aller anderen Schläfer war ich um diese Zeit noch nicht fähig, um die Vergebung meiner Sünden zu bitten. So wurde ich von den Hunden bestraft, die bellend dem Muezzin antworteten.

Beim Frühstück beschloss ich, mich vom modernen Kairo ins uralte zu retten. Das hieß, den *Midan Ataba-Platz* überqueren zu müssen, die Schnittstelle. Die hörte sich um zehn Uhr morgens so an: die Flüche der Taxifahrer über die Fußgänger. Die Flüche der Fußgänger über die Taxifahrer. Die Schreie der Polizei, die ambulante Händler verjagte. Die Schreie der Verjagten. Die Schreie der Zutreiber, die Kunden in Busse trieben. Die Presslufthämmer der pyramidalen Baustelle mittendrin. Die Sirenen der Polizeiautos, die Sirenen der Krankenwagen. Das Krächzen eines Taubstummen. Die Gasmänner, die auf ihre Gasflaschen trommelten. Der Schrotthändler, der «bekia», Schrott, brüllte. Die frenetischen Musiklawinen, die aus den Geschäften fauchten und wie Flammenwerfer den vorbeieilenden Passanten heimsuchten. Die Hupkonzerte der Hochzeiter und die Hupkonzerte all jener, die den schönsten Tag ihres Lebens schon hinter sich hatten.

Selim fiel mir ein, Ägypter, Freund und verzweifelter Hauptstadtbewohner. «Kennst du die Mutter aller Probleme?», fragte er. «Du kennst sie nicht, sie ist die Sehnsucht der Menschheit nach Krach.»

In einer dämmrigen Seitengasse der Kasbah fand ich Hosni. Die Adresse hatte ich vom Rezeptionisten meines Hotels bekommen. Hosni gehörte nicht zur Menschheit, er war vom Himmel gefallen. In seinem Kräuterladen herrschte Stille. Ich wollte ein Kraut gegen meine Rückenschmerzen. Während er die Tinkturen mischte, fing der Mann zu reden an. Ein begnadeter Einluller. Wie warme Hände legten sich seine Worte auf mein Kreuz. Ich begriff, dass Sprache, wenn sie nur die richtige Temperatur, die richtige Schwingung bekommt, ohne den leisesten Widerstand ins Körperinnere gleitet. Hosni sprach, und dennoch herrschte absolute Ruhe im Raum. Das Absurde war, dass ich kein einziges seiner Wörter verstand. Wie belanglos. Denn was mich heilte, war kein Sinn und kein Gedanke, war einzig die plötzliche Erinnerung an ferne Kindertage, an denen ich im Bett lag und Märchen hörte. Und wegtauchte in alles versprechende Träume.

DENKMAL FÜR MEUCHLER

Hier kommt eine Zumutung, sie klingt so: «Auch wenn man keinen Durst hat, sollte man hier dauernd trinken, sonst dörrt die Trockenheit den Körper aus, ohne dass man es bemerkt.» Mit einer solchen Keule begann eine Reportage über das Tote Meer, in einer bekannten deutschen Zeitung. Wer als Leser den Satz bis zum Ende schaffte, bereute nur eins: das Überleben des Schreibers. Wie wahr, es verdursten immer die Falschen.

Reden wir hier nicht vom *Zauber des ersten Satzes*. Der Bericht ging weiter, wie die Anfangszeilen befürchten ließen: dass der Journalist vor Jahren die Anmeldefrist zur Metzgerlehre versäumt hatte und sich deshalb kurz entschlossen bereit erklärte, in Zukunft seine Muttersprache kleinzuhacken. Mit Wurstfingern, mit Messerstechen, mit der festen Absicht, kein gutes Haar an ihr zu lassen. Der Glückspilz. Hätte er bei Steven Brill unter Vertrag gestanden, sein Skript wäre nicht veröffentlicht worden. Denn Steven B. war ein rabiater Kollege, der amerikanische Ex-Chefredakteur von *Brill's Content* hatte die gemeine Angewohnheit, an den Rand eines lausig geschriebenen Textes eine schlichte Frage hinzukritzeln: «Schon mal an Selbstmord gedacht?»

Rückblende: Klausjürgen Wussow (noch fern jeder Schwarzwaldklinik) und ich (direkt von der Schauspielschule) standen hinter der Bühne des Münchner Residenztheaters und warteten auf unseren Auftritt. Verschämt traute ich mich den Meister zu fragen: «Sagen Sie, wie spielt man tolles Theater?» Und Wussow, kurz und grimmig: «Sie können alles spielen, nur stimmen muss es.»

Eine solche Antwort gilt auch fürs Schreiben. Keine festen Regeln, alles ist erlaubt, aber Vehemenz muss es haben, Rhythmus, den Swing. Muss den Leser zum Stillsitzen verführen, zum Mitdenken, zur hemmungslosen Freude an Sprache.

Dieser «Anschlag» verfolgt nur ein Ziel: jenen das Schreiben auszutreiben, die es nicht lieben. Und nicht können. Die glauben, sie kämen linkshändig davon. Für sie, die Grobschlächtigen, die Faulpelzigen und Talentfreien, sollte man *amnesty international-paper* gründen. Wird doch, nach der Menschenhaut, nichts so sehr geschunden wie ein Blatt Papier. *ai-p* würde die gespendeten Gelder in die Anschaffung von Keuschheits-Handschuhen für Triebschreiber investieren. Oder Umschulungen finanzieren, sprich, die Satzschieber und Wortbrecher abrichten für jene Berufe, in denen sie begabter mit ihren Kräften berserkern könnten. Als Metzger eben. Oder Pornostar. Oder Bomberpilot. So wäre für uns alle gesorgt, eingedenk der letzten Wahrheit von Georg Christoph Lichtenberg, dass «die wichtigsten Dinge durch Röhren erledigt werden, siehe das Schießgewehr, den Schreibgriffel und den Penis».

VOM GLÜCK, EIN LEKTOR ZU SEIN

Hier kommt eine Hymne. Auf das Schöne einer wunderlichen Tätigkeit. Vor ein paar Tagen stand ich in einem McDonald's (okay, ich geb's zu) und dachte an meinen Lektor. Weil ich einem jungen Mann zuschaute, der einen *McJob* ausübte. Einen Job, der fünf Minuten Lehrzeit verlangt, fünf Dollar die Stunde bringt und nichts anderes fordert, als alle fünf Sekunden eine fade Fleischsemmel in eine Tüte zu packen. Gleich drei Phänomene kamen mir in den Sinn. Die Ungerechtigkeit der Welt. Mein Lektor. Das Glück meines Lektors.

Schon der Ursprung seines Berufs klingt märchenhaft: Von lateinisch «lector» – Leser. Und das wiederum von «legere»: auflesen, einsammeln. Gräbt einer weiter, findet er andere magische Wörter, die alle an Schönheit, an Geist, an die sinnlichen Beschäftigungen des Lebens erinnern: «eligere», sprich auslesen, im Sinne von aussuchen, auswählen, sprich «Auswahl der Besten». Oder: «intellegere», sprich, mit Sinn und Verstand wahrnehmen und erkennen, sprich Intelligenz.

Eine Fleischsemmel wahrnehmen funktioniert auch ohne Sinn und Verstand, da reicht ein Nasenloch. Aber Buchstaben dechiffrieren, die Temperatur eines Textes messen, erkennen, ob es einer verstanden hat, bravourös ein Wort hinter das andere zu stellen, das fordert Lebenswissen, Wissen um die unbeschreiblichen Gesetze sprachlicher Schönheit, ein Gefühl für Balance, für das Leichte, für das Herzbewegende.

Und Mut. Um den Autor beim Abheben anzuspornen. Damit der Mensch sich traut, zu provozieren, nach verstörenden Gedanken zu suchen. Und Standhaftigkeit, um den Autor – nehmen wir das kluge Wort von Reich-Ranicki – «vor sich selbst zu schützen». Soll sagen, ihm ins Wort zu fallen, ihn zu bewahren vor den Abgründen der Geschwätzigkeit. Da, wo sie schwätzen, die Autoren, und anderer Leute Zeit stehlen. Statt zu erzählen, statt zu bereichern, statt Lebenszeit randvoll zu machen.

Das so Seltsame an diesem Duo: Der Lektor sollte nicht besser schreiben als der andere, aber besser – haargenauer – lesen. Lesen können. Damit er mit der Hellhörigkeit eines Minensuchgeräts über den angelieferten Text spürt und die Manien und Eitelkeiten, die Dünnstellen und Hohlräume, die stinkigen Nebensätze ausfindig macht. Und den Autor bekniet, ein paar seiner Kinder – die virtuellen, die Kopfgeburten – wegzuwerfen. Weil sie nicht taugen, weil sie zu lang sind, zu kümmerlich, zu geistlos. «Was gestrichen ist, kann nicht durchfallen», die Anmerkung stammt von Theaterkritiker Friedrich Luft. Das ist ein schwieriger Satz für Schriftsteller. Und ein strammer Merkvers, um sich gegen den eigenen Größenwahn zu wappnen. Diesen Wahn, statt hundert gleich tausend Worte zu schreiben.

Doch: Der Schreiber hat das Recht auf ein inniges Wohlwollen. Der Lektor muss den Text grundsätzlich mögen, ihn respektieren, überzeugt sein, dass er hinaus in die Welt muss. Fehlen die drei, das Wohlwollen, der Respekt, die Überzeugung, dann müssen die zwei auseinander. Kein Schreiber hält einen Leser aus, der sich abwendet. Auch keinen, der mit Spitzhacke und wuchernder Profilneurose über das Manuskript herfällt. Folge: Beides muss der Lektor-Mensch können, ja sagen und nein sagen. Muss dem

Schreiber, dem Verletzbaren, eine Lobrede halten und – gleich hinterher – feuerwehrrot jene Flecken markieren, die ungut riechen. Nach Denkfaulheit und Spracharmut, nach billig und mäßig und warzenhässlich.

Mein Lektor war gut zu mir. Und gehörig streng. Was von Anfang an imponierte, war seine Begeisterung. Die längst da war, bevor wir zusammenkamen. So ein rabiater, auf ewig angelegter Überschwang für die deutsche Sprache. So eine Begabung, die imstande ist, stundenlang über Vierteltöne zu diskutieren, über Kommas, über keine Kommas, über die Stimmigkeit des einen Worts und das um Haaresbreite weniger stimmige. Wie alle, die zur ungeheuren Minderheit jener gehören, die nach Wörtern hungern, schärfer formuliert, nach Wörtern, die gerade jetzt, genau an dieser Stelle, passen, hatte er einen Satz von Mark Twain auswendig gelernt: «Der Unterschied zwischen dem richtigen Wort und dem beinahe richtigen ist derselbe wie zwischen dem Blitz und einem Glühwürmchen.»

Als Nachwort soll ein Märchen aus dem Leben von James Joyce stehen. Denn Märchen über Helden tun allen gut, auch uns, dem Fußvolk, dem schreibenden, dem lektorierenden. Wohltuend, weil furchtbar wahr und höchst amüsant. «Durch Schreiben kann man das Denken verlangsamen», notierte Martin Walser einmal. Davon handelt die Fabel. Von den schnellen, schlampigen Gedanken und jenen, für deren Formulieren es beängstigend viel Zeit braucht: Joyces Kopf liegt erschöpft auf seinem Schreibtisch, das Werk stockt, es klingelt, ein Freund kommt. «Jimmy, was ist los? Das Œuvre?» Natürlich das Œuvre. Der Freund, Anteil nehmend: «Sag, wie viele Worte hast du denn heute geschrieben?» Und Joyce, der Erschöpfte: «Nun, sieben.» Und der Besucher, freudig erregt: «Aber Jimmy, das ist doch nicht schlecht, ich meine für dich.» Und unser Held: «Jaja, das mag schon sein. Aber ich weiß noch immer nicht, in welcher Reihenfolge ich sie hinschreiben soll.»

DER WEG INS FREIE

VON DER UNERTRÄGLICHKEIT DER STILLE

Der Mann zog einen Leiterwagen hinter sich her, New York City, Columbus Avenue. Ein blauer Sonntagnachmittag und ein glücklicher Mensch. Er führte sein Radio – groß wie ein Koffer – spazieren, das bis hinüber nach Harlem plärrte.

In Hongkong war es anders. Da war das Radio zu lang für einen Leiterwagen. Deshalb trugen sie es zu zweit. Wie eine Sänfte. Und im Gleichschritt. Stolz und hingegeben an Led Zeppelin, die live aus sechs Lautsprechern dröhnten.

Eine dritte Variante sah ich in Trujillo, Peru. Kein Leiterwagen, keine Sänfte. Dafür hatte jeder sein eigenes Gerät. Zur selben Zeit, am selben Platz, ohne Kopfhörer. Mitten in der Stadt. Und wieder war es Sonntagnachmittag.

Gibt es Unerträglicheres als Stille? Wohl nicht. Die Frage ist nur, warum? Warum dieses ununterbrochene Verlangen, von Orten und Menschen wegzugehen, die leise sind? Ist es die Leere in uns, die nichts Eigenständiges – Gedanken, Ideen, Phantasien – produziert und deshalb wie ein Fass ohne Boden permanent von außen vollgemacht werden muss?

Oder geht das tiefer? Kommt in geräuscharmen Momenten die fürchterliche Angst zum Vorschein, allein zu sein? Drückt nichts so sehr das schwerwiegende Gefühl von Einsamkeit aus wie Stille? Ist Stillsein gleich Einsamsein gleich Totsein? Sodass jedes Mittel recht wäre, um diese tote Einsamkeit zu überwinden? Wie all die haltlos Einsamen, die zu Hause immer zuerst den Fernseher einschalten. Auch wenn sie nicht hinschauen. Hauptsache, eine Stimme redet. Und wäre es die eines Wildfremden.

Der Fall ist komplizierter. Ich gehe in eine Kneipe, randvoll. Und alle reden. Ausdauernd, hektisch, imponierend. Kommunikation, durchaus. Aber das will nicht reichen. Das viele Reden ist ihnen zu wenig. Zu still, hätte ich beinahe gesagt. Also Musik her. Aber wie. Brausend und aus allen vier Himmelsrichtungen. Jetzt schreien sie, und erst jetzt scheint die Furcht aus ihren Gesichtern zu weichen.

Brauchen wir diesen Stress, die hundert Dezibel, um uns noch lebendig zu wissen? Um zu erfahren, dass wir noch existieren? Da doch der Alltag so alltäglich und lauwarm riecht. Wo nichts mehr uns versichert, dass es uns gibt. Als Einzelstück, mit einem Schicksal, mit Entdeckungen und Niederlagen, Gefühlsstürmen und Innigkeiten. Oder ist alles viel simpler? Viel geheimnisloser? Keine wütende Vertreibung der Ruhe, keine Panik weit und breit, eher die faulpelzige Gewöhnung an alles. An Kälte, an Mutlosigkeit, an die Abwesenheit von Stille. Ich weiß es nicht. Vielleicht helfen zwei Erzählungen, zwei Erfahrungen, die mit dem Phänomen zu tun haben.

«Come back», hörte ich jemanden rufen. Ich schrak zusammen. Verstörter Blick auf den Mann, der vor mir stand. Jetzt erinnerte ich mich, Meditationsstunde in einem buddhistischen Tempel in Kioto. Ich hatte das Schlagen der Hölzer überhört, die das Ende der Sitzung ankündigten. Und Mönch Genko-san war an meinen Platz gekommen, um mich in die Wirklichkeit zurückzuholen.

Erste Erfahrungen mit Stille, hier im Kloster. Nicht bewegen. Nicht sprechen. Nicht blicken. Nicht hören. Sprüche für Meister. Sprüche. Ich hörte fast immer. Meine eigenen Gedanken. Oder die anderer. Wie den von Gottfried Benn: «Gehen Sie in sich, wenn Ihnen nicht graust.» Der stimmte, so genau. Obwohl Benn nie auf einem Zafu saß. Er wusste es. Stille tat nicht gut. Das Hirn zappelte, wollte zappeln in einem Hexenkessel jagender Gedanken. Chaotisch, anstrengend, meist nutzlos.

Irgendwann wurde es besser. Irgendwann im Laufe der nächsten hundert, zweihundert Meditationsstunden. Der Kopf beruhigte sich, das Peitschen ließ nach, die Hirnströme verlangsamten, das Chaos wurde übersichtlicher. Dafür begann die Angst zu pochen, und sie flüsterte Fragen, die sich zielsicher ins Herz bohrten. Jetzt hatte ich die verdammte Stille, jetzt holte sie aus. Eiskalte, lautlose Fragen nach meinem Leben, seinem Sinn, seinem Wert, seinen Möglichkeiten. Und dem Mut, diese Möglichkeiten auszubeuten. Alles Fragen, die keiner beantwortete. Also blieben sie da. Wie Sperrmüll verpesten sie den Kopf.

Stille hat viele Schichten. Die nächst tiefere, in die ich mich – Wochen später, noch immer im Kloster – traute, war die Konfrontation mit der Einsamkeit. Ich sah mit gestochen scharfem Blick auf meine Geburt, sah, dass ich allein war. Ich sah es nicht, ich *war* es. Ein Katzensprung daneben: mein Tod. Wieder allein.

Das ist nicht meine Wahrheit, es ist die unsrige.

Ich war allein. Einfacher konnte man es nicht sagen. Ich wollte nach keiner Sprache suchen, um diesen banalen, folgenschweren Satz auszuhalten. Meistens gab ich in diesem Augenblick auf. Übelkeit kam, das Verlangen, mich zu erbrechen. Manche haben sich mitten in einem Zenkloster umgebracht, überwältigt und niedergeschmettert von dieser Erkenntnis. Ich bin kein Selbstmörder, aber ich wollte mich nicht überfordern. Ich brach die Meditation ab und war schlagartig erleichtert. Die Einsamkeit konnte warten, zumindest bis morgen. Dann würde ich wieder sitzen und mich wieder an sie heranschleichen. Vielleicht kam der Tag (vielleicht kam er nicht), an dem ich mehr wagte, mich ganz hinunterwagte. Dort – wo immer das war – würde man, so hieß es, etwas begreifen: dass Loslassen heilt, eben das Loslassen der Beklemmung vor dem Alleinsein, vor dem Vergehen. Wieder Sprüche.

Andere Tage waren anders. Da saß ich wieder unter den zwanzig Mönchen, und die dunkelschwarzen Wörter traten nicht auf. Obwohl es unheimlich still war. Dafür breitete sich eine euphorische Leichtsinnigkeit in mir aus. Dann kicherte ich bisweilen fröhlich vor mich hin. Alles Überflüssige ließ ich los. Mein Allerweltsherz hob ab. Ich glitt. Ich entschlackte. Ich wurde übersichtlicher. Auch meine Gedanken, die Bedürfnisse, die Ziele. Ich sah das Glück, das ich hatte, und ich sah, wie beharrlich ich mich weigerte, es als Teil meines Lebens zu akzeptieren. Hörte ich dann das Schlagen der Hölzer, war ich mit unwiderruflicher Heiterkeit ausgerüstet für den Tag. Dann akzeptierte ich auch, dass meine Begabung zum Weisen, zum Weisesein, nicht reichte. Nie würde ich den Tod akzeptieren, immer würde er mein Todfeind bleiben. Aber das Leichte, das Heitere, sie konnten begeistern, sie wollte ich lernen. Ein wenig davon, wenn irgend möglich. Als federleichte Waffe gegen die Schwermut.

Hier die zweite Episode, auch sie hatte mit Stille, ja Totenstille zu tun. Und erstaunlicherweise kamen nichts als Glücksgefühle über mich. Bei meinem letzten Besuch in Asien bin ich in einen *Samadhi-Tank* gestiegen. Ein pompöser Name – samadhi = höchste Erleuchtung – für eine Vorrichtung, die wie ein schwarzer Sarkophag aussah, über zwei Meter lang, je einen Meter hoch und breit. Am Boden des Containers befand sich eine 37 Grad warme, zwanzigprozentige Salzwasserlösung, dick wie das Tote Meer. Und darauf schwebte man, schaukelte man, in völliger Dunkelheit, in völliger Lautlosigkeit, ohne Anstrengung. Nur daliegen, nur sein.

Nach den zwei Stunden wollte ich nicht mehr zurück, nicht mehr nach draußen, zu den Schrillen, zum nervigen Blabla, dem Gedröhn des Blödsinns. Aber ich musste. Obwohl ich um keinen Wassertropfen erleuchteter war, im Gegenteil, ich war durch die extreme Geräuschlosigkeit nur verletzbarer, ja unheimlich hellhörig. Der ganze Leib schien nichts als Empfindung. So blieb ich den Rest des Nachmittags im Haus, im Garten. Wie es empfohlen wurde. Ruhen, bis sich der Körper wieder an die Welt gewöhnt hatte.

Der Tag war eine wunderliche Erfahrung, herzenstief und weit weg. Weil man einmal mehr begriffen hatte, was fehlte. Hundsgemein fehlte. Eben Stille.

ZU FUSS

Der Schriftsteller und Pilot Saint-Exupéry («Der kleine Prinz») musste wieder einmal bruchlanden. Irgendwo in der algerischen Wüste. Noch am selben Abend kam eine Karawane Touaregs vorbei, rein zufällig. Sie kochten Tee, und der Franzose reparierte den Motor. Und sie plauderten. Der Bruchpilot: «Schaut euch mal diesen Vogel an, mit dem schaffe ich in zwei Stunden, wofür ihr zwei Wochen braucht.» Die Männer schwiegen beeindruckt, bis einer sich erhob und scheu fragte: «Ja, aber was machst du mit der übrigen Zeit?»

Das ist wunderbar weise. Bedenkt man die Millionen Vollgas-Rambos, die täglich von A nach B rasen, um hinterher – wieder täglich laut Statistik – knapp vier Stunden vor der Glotze als Faultier zu verwittern, scheint die Frage augenblicklich noch weiser als vor achtzig Jahren. Wie sagen sie in Kuba? «Es gibt mehr Zeit als Leben.» Denn so viel Zeit wird verhockt, verdämmert, verträumt und nie und nimmer gelebt.

Ich hatte Glück (mal abgesehen von der Gnade, weder Auto noch Fernseher zu besitzen), ich saß in meinem Pariser Café und blätterte in einer Illustrierten. Auf einer Doppelseite Werbung sah ich einen Mann vor der Glaswand eines Schaufensters stehen. Hingebungsvoll betrachtete er einen funkelnden Sechszylinder, Text darunter: «Désir», Sehnsucht. Ich hörte auf zu blättern, ein Blitz kam in mich, ein Gedankenblitz, ich begriff einmal mehr, dass mich ganz andere Sehnsüchte peitschten. Ich zahlte, eilte nach Hause und rief meinen Verleger an: «Ich gehe von Paris nach Berlin zu Fuß und immer ohne Geld. Schicken Sie den Vertrag!»

Und so geschah es, mitten im gemeinsten Sommer der letzten Jahre, in den Monaten Juni und Juli 2003. Während der 1863918 Schritte auf den elfhundert Kilometern war ich ununterbrochen beschäftigt. Mit Schnorren, mit Wimmern, mit Lügen, mit Eiterstillen, mit tausend Ängsten: keine barmherzige Seele zu treffen, vom Sturmregen verweht zu werden, am eigenen Gestank zu vermodern und – der innigsten Angst: dreihundert Mal pro Tag von rigorosen Karosserie-Besitzern umstandslos in den nächsten Straßengraben bugsiert zu werden.

Wadenkrämpfe zuckten nachts durch meinen Schlaf, bizarre Geräusche im Wald verhinderten bisweilen jede Nachtruhe, einmal musste ich heimlich (und schnell) in den Kühlschrank eines Pfarrers greifen, einmal im Schweinsgalopp einem Bauern und seiner Mistgabel entkommen, einmal ein Polizeiauto besteigen, einmal an der Pforte eines Krankenhauses anklopfen, um auf Knien, ja bäuchlings, wenn es verlangt worden wäre, um eine Morphiumspritze zu flehen. So versaut waren die Füße, so in einem Blutbad schwimmend die Zehen, so drängend die Lust nach einem schmerzfreien, wohligen Dasein.

Das Wunderlichste aber: Nie musste ich Zeit totschlagen, jede Minute war randvoll mit Leben. Denn ein solcher Fußmarsch ist das Gegenteil von virtuell, von *Second Life,* von Glotzen auf die trüben Pinsel und Pinselinnen, die sich in «Big Brother» oder in anderen Sendungen aus einer TV-Anstalt, einer Anstalt für die geistig Zurückgebliebenen, vorführen lassen. Ich brauchte nur meine beiden Achillesfersen zu betasten. Sie pochten, heftig, energisch. Was für ein Zeichen, dass ich existierte.

Und das Überraschendste: Kein Eau de Toilette von Calvin Klein musste her, kein BMW mit eingebauter Popobacken-Heizung, kein Scheckbuch und keine *Amex Platinum Card*, um an den «phantastischen Erscheinungen der Welt» (so Goethe) teilzuhaben. Selbst ein Mann mit nichts, nur abgerissen, nur verschwitzt, nur jeden Tag vierundzwanzig Stunden lang bankrott und keinen Zehn-Euro-Kredit wert, bekam ein Lächeln von jenen Frauen und jenen (weniger zahlreichen, weniger gebefreudigen) Männern, die am Wegrand standen und ihn versorgten. Mit heiteren Blicken, mit Erdbeeren und Drei-Gänge-Menüs, mit Erbsensuppen, mit Verbänden und Pflaster, mit Steaks plus Rotwein, mit selbstgebackenen Plätzchen, mit frischweißen Socken und einer mutigen, aber ja, Einladung zu einem Badewannenbad.

Zuletzt – nach dem Zecheprellen im Berliner Nobelrestaurant *Borchardt*, wo ich mir ein Glas Champagner und eine *Crême brulée* bestellt hatte – war ich allen dankbar. Auch den Wichtigmachern und Hartleibigen, dankbar für ihre Moraltiraden, ihren Geiz, ihre Trostlosigkeiten. Hatte ich doch begriffen, dass man an viele Freuden und Abgründe nur zu Fuß rankommt, nur leibhaftig. So einfach kann das Leben bisweilen sein. Wer sich traut, geht drauflos: Er lebt. Wer nicht, fährt mit Bleifuß vorbei: Er ist schon satt.

WELLNESS FÜR DOOFE

«Herr Altmann, alles ausziehen!» Frau Roswitha bellte über den Gang durch meine Kabinentür. Ich zuckte. Wäre ich der guten Frau je auf der Straße begegnet, nie hätte ich mich bei dem Gedanken ertappt, mich vor ihr enthüllen zu wollen. Aber hier war die Resolute die Chefin, die Moorpackung-Chefin.

Wie gern wäre ich vom *Blitzlichtluder-Gen* geschlagen. Dann würde ich blühen, wenn jemand zum Nacktsein aufforderte. Würde mich zeigen und von meinen neuen Warzen am Hintern, hätte ich welche, erzählen. Oder den hartnäckigen Inkontinenzbeschwerden meiner Gattin, hätte ich eine. Würde mich bloß legen wie jeder, der nie den Satz von Freud gehört hat, dass der «Verlust von Scham den ersten Grad von Schwachsinn bedeutet».

«Herr Pfeiferle, alles ausziehen!», wieder gellte Roswitha. Der Mann war mein Kabinennachbar. Wir hatten uns kurz zuvor auf dem Korridor getroffen, ein angenehmer Herr, nur mordsdick und schwer nach Atem ringend. Ich litt jetzt doppelt: über die eigene Geniertheit und über die eines Dicken, der nun schutzlos und rosig schwitzend auf die Strenge warten musste.

«Herr Altmann, auf die Liege legen, auf den Rücken!» Natürlich auf den Rücken. An Roswithas Stimme ließ sich erkennen, dass sie diese Stellung mehr genoss als alle anderen. Dann stürmte sie herein und warf die Moorbatzen auf meinen Körper. Wobei sie dreizackig grinste und nicht einen Quadratzentimeter ausließ. Eine erste Kraft, kein Zweifel. Dann wickelte sie mich ein und stellte den Wecker.

Während der zwanzig Minuten «Ruhezeit» schellten sieben Wecker, der letzte war der meine. Erschöpft wankte ich unter die Dusche. Roswitha hatte inzwischen einen Zettel dagelassen: «Um 15.30 Uhr bei Frau Gerda, Spezialmassage!» Spezialmassage ist ein vielstimmiges Wort. Es lädt zu den geheimnisvollsten Hintergedanken ein.

Die Masseurin wollte mich nicht nackt sehen, ich durfte mit der Unterhose auf die Liege, auf den Bauch. Wobei sie meinen Kopf nahm und ins eigens dafür vorgesehene *Nasenloch* steckte. Dann griff sie zu. Mein Rundrücken störte sie, «der muss weg». Während sie ihn beseitigte, erzählte sie mir von den glücklosen Männern und Frauen, die vor mir hier gelegen hatten. Männer mit Elefantenfüßen, Frauen ohne Brüste, Verkehrsopfer, Krebsopfer, Gewaltopfer, alle «spezial massiert» von Gerda.

Am Ende der drei Tage im schönen Bad G. war ich kaputt, mit gestauchtem Skelett machte ich mich davon. Auf der langen Heimreise fiel mir Baba Rajiv im fernen Indien ein. Neben dem Straßengraben hatte er seinen *Body Shop* aufgebaut. Da hinein legte ich mich einst. Um erst Stunden später wieder das Bewusstsein zu erlangen. Denn in einen Rausch von Schlaf und Wonne hatte der Alte mich massiert. Auf Bananenblättern, weckerlos und ohne Nasenloch. Dafür mit Vogelgezwitscher und dem seligen Summen eines glücklichen Menschen.

EIN ZAHNLOSER HELD UND
EIN NACKTER HEILIGER

Wenn immer ich in New Delhi bin, besuche ich den Zahnlosen. Der Mann sieht aus wie Gandhi und hat ein ähnlich wundersam gütiges Herz. Seit langem aller Welt Freund. Nicht Hindu, nicht Moslem, nicht Sikh, Mahabir ist Jaina, Anhänger des Jainismus. Sehr beeinflusst von Buddha, aber noch viel radikaler, viel sanfter.

Wie immer führte er mich auch diesmal zuerst zum Waschbecken. Wobei er hurtig noch eine Ameise wegschaffte, denn ohne ihren Tod sollte das Reinigen meiner Hände vonstatten gehen. Auf dem Weg in sein Zimmer fuhr er mit einem federleichten Wedel über den Boden. Auf dass kein Insekt zertreten würde.

Mahabir stand noch immer auf Kriegsfuß mit den Fleischfressern und Rauchern, initiierte seit Jahrzehnten «anti-smoking-campaigns», zeigte gräuliche Fotos tabakgenussentstellter Gesichter, zog ein Buch hervor, in das alle Vorbeikommenden hinein schwören mussten, nie wieder eine Zigarette anzuzünden. Auch ich leistete einen Meineid, gelobte schriftlich, für immer Vegetarier und Nichtraucher zu bleiben. Und aller lebenden Kreatur mit Respekt zu begegnen.

Das schön Absurde: Die ganze Familie – das Haus beherbergte ein halbes Hundert Computer und Telefone – war «Member of the National Stock Exchange». Wie schon der Großvater. Auf drei Stockwerken wurden Aktien gekauft und abgestoßen. Seit Jahrzehnten.

Diesmal gab es eine Überraschung. Wir gingen zu Amit

Sagar, nur ein paar Ecken weiter. «Mein Guru, mein Heiliger», erklärte Mahabir. Wir betraten einen großen Raum, und der Heilige – im straffsten Mannesalter – saß selig entspannt, sehr konzentriert und splitterfasernackt auf einer Holzpritsche. Und um ihn herum kauerten indische Bürger, Frauen und Männer, völlig normal gekleidet. «Darshan» fand statt, die einen fragten, und der Nackte antwortete. Fragen zum ganz konkreten Leben. Beim Abschied berührten alle die Füße des Gurus.

Aber heute war eine Ausnahme, Mahabir hatte einen Gast mitgebracht, jetzt musste unbedingt ein Foto gemacht werden. So wurde ein Mann mit einer Kamera aus der Nachbarschaft geholt, und Amit Sagar und drei andere Splitternackte, Schüler des Meisters, stellten sich auf (ohne den leisesten Versuch, etwas zu verbergen), wir stellten uns dazu, puff, das Blitzlicht zündete, jeder schien voller Seligkeit.

Ende der Audienz, die einen gingen nach Hause, der Guru blieb da, meditierte, sang, schlief, hatte die einzige Mahlzeit des Tages schon viele Stunden hinter sich. Morgen würde er die ziemlich gleichen Fragen hören und die ziemlich gleiche Antwort geben: Loslassen, die Ursünde Gier überwinden, das Ego schleifen.

DER HEILIGE STUHL

Erleichtert verließ ich Wien. Von der blitzsauberen Toilette in Schwechat stieg ich direkt ins Flugzeug. Ich schwebte, so ergriffen war ich noch von dem schmalen Raum, der im Englischen sinnigerweise «restroom» heißt. Da, wo man rasten, ausrasten darf. Da, wo Stille herrscht und Diskretion. Da, wo die Mühseligen und Beladenen Einkehr finden. Da, wo es gelingt, die von Sorge und Kummer verriegelten Schließmuskeln zu beschwichtigen. Da, wo der Satz von Freud nichts als ewige Wahrheit bedeutet: «Jede Abgabe von Materie ist Lustgewinn.» Um ein Haar hätte ich geheult. So schön war es, so ergriffen war ich davon. Der tägliche Stuhl – jedem von uns heilig und unverzichtbar – und die tägliche Scheiße, sie sind Begriffe eines Namens.

Das war nicht immer so, ja fast nie so. Ich könnte einen Reiseführer der unsäglichsten Abtritte des Globus schreiben. Ohne auf den fünfhundert Seiten den Kongo und Hinterindien erwähnen zu müssen. Nur Unsäglichkeiten aus der Ersten Welt kämen vor. Denn selbst bei uns scheint es nicht einfach, vergnüglich sein Geschäft zu verrichten. Wie schwierig doch, eine Stätte zu finden, wo sich genug Vertrautheit einstellt, um für den bloßgelegten und zur rückhaltlosen Beichte bereiten Hintern eine Umgebung zu schaffen, die allen Ansprüchen an Verschwiegenheit und Takt entspricht.

Der Gang hin zum Stuhl, der Stuhlgang. Schon hier beginnen die Kümmernisse. Wie problematisch oft, den plötzlich heftig drängenden Unterleib seiner Erlösung, seiner Absolution zuzuführen. Hier ein paar Kostproben aus einem Scheißleben, die deutlich aufdecken, wo die Krux liegt.

Tatort Paris, Wohnungssuche. Die Toilette im Zwischenstock meines Hotels war entschieden zu eng. Um mich bequem auf der Brille niederzulassen, hätte ich meine Waden ins Treppenhaus strecken müssen. Ich probierte mehrere Stellungen in diesem unheiligen Null-Null. Ohne Erfolg. Nur mit den ausgelagerten Füßen hätte ich gekonnt. Aber dann roch es. Der besorgte Portier erkannte die Not und wies den Weg zum *Square Boucicaut*. Dort stünde die nächste öffentliche Bedürfnisanstalt. Ich hetzte auf das dunkelbraune Häuschen zu, warf einen Euro ein und durfte hinein. Selig richtete ich mich ein im Glück, geruchlos, sauber, Musik rieselte, ich schlug die Zeitung auf und wollte loslassen. Von wegen, nach fünfzehn Minuten ging die Tür auf, automatisch. Und vor mir Paris bei Tag. Ich sprang hoch, halbnackt, halbfertig, nie und nimmer präsentabel. Ruhe und Eintracht? Dass ich nicht lache. Ein Schleudersitz.

Nicht einmal die Franzosen wissen noch, dass «comment allez-vous?» – wie geht es ihnen? – früher einmal lautete: «Comment allez-vous à la selle?», wie geht es Ihnen bei der Notdurft? Soll sagen, nichts verrät mehr über die Gesundheit eines Zeitgenossen als seine Verdauung und die problemfreie Ausscheidung.

Auch Casablanca war ein Fehlschlag. Die Stadt, in der ich um elf Uhr nachts nach einem Glas vergifteten(?) Tomatensafts über den *Place Mohammed V.* ins Hyatt Regency stürzte, um auf einem Fünf-Sterne-Lokus meinen sprudelnden Mageninhalt hinauszuprusten. Nun, auch das waren nicht die Laute von Sitte und Eintracht, nicht die rechte Einstimmung für Traulichkeit und Ankommen.

Und sonst auf der Welt? Mal schwerer, mal unbeschwerter. Und einmal, ein einziges Mal, überwältigend. Glaubte ich. Damals in San Francisco, als ich aus meiner desolaten Unterkunft ins exklusive *Fairmont Hotel* schlich, mir ein Klomann den Weg in die Kabine wies, gar die Tür öffnete. Und ich stockte. Denn der Mann wartete, direkt davor. Hatte er doch den Auftrag, dem Hotelgast sogleich hinterher zur Verfügung zu stehen, ihm den Wasserhahn aufzudrehen, die Seife zu reichen, das Handtuch bereitzulegen. Aber so viel Fürsorge bremste, wirkte geradezu hemmend auf das freie Spiel der Kräfte. Eine glatte *impotencia faecalis* war die Folge. Mit Schweiß auf der Stirn und unverrichteter Dinge verließ ich den goldenen Käfig. Sahen so Sieger aus, so die Schwerelosen?

«Wo immer du gehst, dein Hintern ist stets hinter dir», soll Sokrates gesagt haben. Als kleinen philosophischen Merksatz, um daran zu erinnern, dass wir unseren Nöten nicht entkommen. Weltweit nicht. Siehe den Zwischenstopp in Atlanta, USA. Auf den Flughafen-Aborten konnte man (unten) die Waden seiner Sitznachbarn studieren, da nur windige, viel zu kurze Sperrholzplatten trennten. Und (oben) musste man den Kopf einziehen, um nicht bei seinen intimsten Handlungen beobachtet zu werden, ja musste die plumpsige Geräuschkulisse verkraften, die ein Dutzend Personen gerade produzierte. Und durfte, alles umsonst, die aus drei Himmelsrichtungen vorbeiziehenden Geruchsschwaden inhalieren. Ist das schön? Ist das der Sinn des Lebens?

Pharaonen ließen schwachsinnige Architekten lebendig einmauern. Im konkreten Fall sollte man sie an die Fliesenwände ihrer Latrinen ketten, mit zwangsgespreizten Nasenlöchern und einer ungehinderten Aussicht auf ihr Werk.

Und die Unholde erst loslassen, wenn sie dreimal lautstark gerufen haben: «Es lebe die Würde des Menschen!»

Nun, gibt es ihn, den Ort, wo ich bleiben darf und in Freude defäkieren? Wo jedes Häuflein als frohe Botschaft gilt? Wo eine hell leuchtende Schüssel als Inbegriff seligmachender Zufriedenheit auftaucht? Halt ein, Leser, ja, Leser: Es gibt ihn! Den *einen*, den Lieblingsstuhl. Es klingt anmaßend, aber er steht in meiner Wohnung. Schon der schmale Gang, der auf ihn zuführt, verbreitet Atmosphäre, macht mild und öffnet, entschlackt und versöhnt. «Stilles Örtchen», jubelt jeder Privilegierte, der hier eintritt, eintreten darf. Denn nun stimmen Sprache und Wirklichkeit überein, nun herrscht Friede auf Erden. Ich schwöre, Haufen über Haufen landeten hier bereits. Wie Beweisstücke eines gelungenen Lebens. So soll es denn bis zum Jüngsten Tag schallen: Dieser Stuhl ist wie kein anderer dazu geeignet, sich darauf zu setzen. Mit Demut, mit Respekt, mit purer Scheiße.

CRAZY LOVE

Drei Uhr morgens Ankunft in New Delhi. Da ich seit Jahrzehnten in dieses Land närrisch verliebt war, hörte ich sogleich beim Verlassen der Ankunftshalle die Vögel zwitschern und roch die Glücksluft, die hier umging. Mit dem Taxi zu einem Hotel am Connaught Place. Und wieder holte die Magie des Landes aus, jetzt die schwarze. Der Rezeptionist wollte das Doppelte für die Nacht. Ich dachte, ich bekäme einen Rabatt, weil das Zimmer ja nur ein Drittel der Zeit benutzt würde. Nein, das Doppelte. Das Erstaunliche beim Reisen in diesem Land: Irgendwann lernte man mit dem Geheimnis zu leben, nahm es hin, wollte ihm nicht mehr auf die Spur kommen.

Am nächsten Morgen lagen ein Baby und seine Mutter auf den Treppen der Pension, dösten. Vor der Haustür schwitzte die Stadt bei 43,7 Grad. Ein tornadoartiger Lärmpegel schindete. Ein Busfahrer feuerte seine Hupe ab, hundert andere Hupenbesitzer feuerten hinterher. Vier Kinder schleppten schwere Bleche. Ein fünftes Kind fummelte an seinem letzten Abszess. Ein sechstes maulte «fuck off», als weitere Spenden meinerseits ausblieben. Drei Taxifahrer winkten. Ein Krüppel robbte auf mich zu und berührte meine Füße. Drei wollten meine Schuhe putzen. Einer dämmerte mit Gipsbein in der Sonne. Einer streckte mir seine einzige Einnahmequelle entgegen, seine blinden Augen. Ein dünner Alter stellte sich in den Weg, zeigte auf einen Spatzen und verführte zu folgendem, rätselhaftem Gespräch:

– Bird, Mister!
– I see, but what's the name of the bird?
– Special bird, Mister, please, baksheesh, Mister.

Liebe ist ungerecht. Wer Indien liebt, der wird alle Widersprüche dieser Zuneigung erfahren. Denn ebenso viele Gründe existieren, um das Land mit Inbrunst zur Hölle zu jagen. Denn auch der zu Mitgefühl wenig begabte Zeitgenosse wird sich rühren lassen von dem in alle vier Himmelsrichtungen stinkenden Elend. Aber – und so reden die Verliebten – der Anteil an Leichtigkeit, an Zauber und aberwitzigen Einsichten, dieser Anteil ist größer als irgendwo sonst im Universum. Wer diesen Satz nicht verstehen will, wird ihn als zynisch empfinden. Er ist es nicht.

Mancher Reisende mag denken: Beim nächsten Besuch gibt es Indien nicht mehr. Dann ist es verschwunden, zerbrochen in tausend Teile, verloren im Abgrund, im Loch der Unterwelt. Aber nein, es steht noch immer. So war es, so ist es, so wird es sein. Indien lässt sich nicht renovieren. Wer es aufräumen will, schafft es ab. Die zehrenden Angriffe auf unsere fünf Quadratmeter Haut sind der Eintrittspreis für die Magie. Ohne diese Zumutungen kommt keiner ihr nah. Indien ist teuer. Alles, was es vom Reisenden fordert, ist alles.

DAS ENDE EINER GLOTZE

Eines Morgens wachte ich auf und rief den Sperrmüll an. Als am nächsten Nachmittag drei breitschultrige Männer vorbeikamen, bat ich sie, meine Wohnung auszuräumen. Okay, nicht alles, aber ich deutete auf etwa vier Fünftel meiner Möbel. Verdutzt, aber willig packte das Trio zu, und Schränke, Kommoden und Nachtkästchen verschwanden. Vier glückliche Männer gingen nach getaner Arbeit auseinander. Die drei werden den Plunder auf dem Flohmarkt verschleudern, und ich bekam für sechs Bierflaschen eine leere Wohnung. Die Klamotten, die Bücher, zwei Teller, zwei Tassen, je zwei Messer und Gabeln behielt ich. Und die Matratze. Und den Fernseher.

Sicher hatte diese Lust auf weniger Gerümpel mit meinem Aufenthalt in einem japanischen Zenkloster zu tun. Der Jahre zurücklag. Aber mancher Fortschritt (hier stimmt das Wort) benötigt eine lange Inkubationszeit. Jetzt, an diesem Morgen, war der Fortschritt ausgebrochen, jetzt «plötzlich» hatte ich verstanden: dass Horten und Raffen schwer macht, unbeweglich, träge. Ich schloss die Tür hinter den Breitschultrigen und war leichter.

Der Höhepunkt meiner materiellen Keuschheit war noch nicht gekommen, er kam an einem Donnerstagabend, im Januar 1991. Und das Glücksgefühl war so berauschend, dass ich noch heute davon zehre. Was passiert war? Ich sah fern, CNN, «the world's news leader», berichtete live vom sogenannten ersten Irakkrieg. Amerikanische Raketen hagelten auf Bagdad, und CNN-Reporter Peter Arnett stand auf einem Balkon des Al-Rashid-Hotels und erklärte der Welt den Krieg. Im altbewährten CNN-Lieschen-Müller-Format, sprich, Saddam, der Böse, der Ruchlose, gegen Bush-Vater, den Guten, den Fleckenlosen. Keine Hintergründe, keine Zusammenhänge, no story behind the story, eher die letzte Pressemitteilung aus dem Pentagon. Dazu kam die sauber erstunkene Falschmeldung, dass CNN die einzige westliche Nachrichtenquelle in der irakischen Hauptstadt wäre. Witzigerweise fiel mir ein Aphorismus von Woody Allen ein:

– Sag, Woody, hast du *Krieg und Frieden* von Tolstoi gelesen?
– Hab ich, natürlich.
– Und um was geht's da, Woody?
– Dämliche Frage, um Krieg und Frieden, was sonst?

Nach Woody kam der Höhepunkt, jetzt kam er, jetzt wuchsen mir Kräfte zu, die ich so lange vermisst hatte. Mitten im Bombenhagel verließ ich mein Arbeitszimmer, stieg die drei Stockwerke hinunter, öffnete im Hinterhof den Deckel der Mülltonne, ging wieder nach oben, stöpselte den Kasten und Peter Arnett aus und schleuderte beide zielgenau vom Balkon in den Ascheneimer. Das berstende Klirren kurz vor Mitternacht klang wie ein Siegesschrei. Die Glotze war weg! Und der Infomüll. Seit diesem grandiosen Abend hat nie wieder ein Fernsehgerät eine Wohnung von mir betreten. Lang lebe CNN!

STILLE UND GOLDENES KALB

Um den Moloch Bangkok zu verkraften, gehe ich am Tag meiner Ankunft immer in meinen Lieblingstempel Bowonniwet. Dort wohnt mein Lieblings-Buddhist, der strahlende Greis Vorn Varatthito. Diesmal ordinierte er zwei junge Männer. Noch immer beruhigte es die Eltern dieses Landes, wenn die Söhne – früher für drei Monate, heute für mindestens zwei Wochen – von den Botschaften Buddhas hören, eben von Demut, Großmut und dem Wissen, dass keiner einen anderen erlösen kann. Nur jeder sich selbst. Ich fragte die beiden Studenten der Betriebswirtschaft nach dem Grund, sich kurzfristig von der Welt zurückzuziehen. Und Sutta, ernst und ohne Ironie: «Um mich bei meinen Eltern zu bedanken, dass sie mich geboren haben.»

Nach der Ordination – Blumen, Kerzen und eine Rede des Abts – zog Phra Varatthito seinen beiden Schülern die fünfteilige Robe über, verschlungen kompliziert und zeitintensiv. Nicht einen Augenblick ließ der alte Mönch in seiner Konzentration nach, fürsorglich wie ein Vater kleidete er sie ein.

In einem Nebentempel lagen die Geschenke, für jeden der insgesamt zweiunddreißig Novizen wartete ein Quadratmeter vollgestellt mit Zahnpasten, Zahnbürsten, Seifen, Waschpulver, Tee, Medizin, zwei Paar Slippern, einer Robe, einer Matte, Obst. Irgendwie musste man die Halbwüchsigen dazu verlocken, sich an einen stillen Ort zu trauen. Denn Zweiundzwanzigjährige haben normalerweise andere Triebe als das brennende Verlangen nach Versenkung und Kontemplation.

Am Ende der Zeremonie führte mich Vorn Varatthito in einen kleinen Raum. Hier könnte ich «sitzen». Er wusste, was ich brauchte. Ich wollte meditieren, den Geist, den Kopf, das ewig schwatzhafte Hirn anhalten. Damit es nicht davonrennt, damit es stillsteht. Wollte wieder einmal die schwierigste Kunst üben, die Kunst, im Augenblick zu sein. Bin ich in Topform, schaffe ich ein paar Momente ununterbrochener Aufmerksamkeit.

Ich saß fünf Minuten und musste plötzlich laut lachen. Das Hirn driftete, natürlich, leider. Aber lachen heilt auch. Ein Foto zog durch meinen Kopf, das ich vor Tagen in einer Zeitung entdeckt hatte. Ein Foto aus Bangkok. Man sah eine nagelneu strahlende Achtzylinder-Limousine, unterm Blitzlichthagel der Presse und von halbnackten Hostessen umtänzelt. Die Anbetung der heiligen Blechkuh. Dicke Autos, wir ahnten es längst, waren die Antwort auf den infernalischen Verkehr dieser Stadt. Wie offensichtlich.

Dennoch, ich ließ los, entkrampfte, die Momentaufnahme vom Leben auf dem Narrenschiff verging. Buddhas Reden von der Vergänglichkeit kamen mir zu Hilfe, eben die Aussicht, dass auch motorisierte Kühe irgendwann aussterben. Hoffentlich. Bevor die Kühe uns überleben und wir verwittern. Zuschanden gefahren von ihnen, vergast, hingerichtet vom Höllenlärm blecherner Rindviecher.

SCHAFSNASINNEN UND SCHAFSNASEN

NACHRICHTEN AUS DER BIMBOWELT

Bevor ich loslege, soll ein Begriff geklärt werden. Um Missverständnissen zu entgehen. Das Wort «Bimbo» hat verschiedene Bedeutungen, je nach Sprache. In Amerika ist «a bimbo» eine Frau mit großen Brüsten und kleinem Hirn. Wir Deutsche benutzen das Wort, um einen Afrikaner zu schmähen. Einzig die Franzosen machen es richtig. Dort ist «le bimbo» der Trottel, der Strohkopf, und «la bimbo» das elend dumme Weib. Vollkommen unabhängig von Hautfarbe und Nationalität bekommen die Armen im Geiste jenes Wort verpasst, das sie verdienen. In diesem Sinne ist es im vorliegenden Text (wie im Rest des Buches) gemeint.

Nun der Anschlag auf jene, die sich vorgenommen haben, den weltweiten Intelligenzquotienten täglich zu senken. Ich lege sofort ein Geständnis ab und gebe zu, dass ich jeden Artikel über einen Bimbo lese. Wenn er in dem Magazin steht, das ich mir gekauft habe. Zu meiner (schwachen) Verteidigung könnte ich anführen, dass ich mir nur jene Printmedien besorge, die eher zurückhaltend aus dem Weltreich der Minderbemittelten berichten. Aber die Hirnlosen benehmen sich heutzutage wie Hochwasser und dringen in jede Ritze, in jede (Zeitungs-)Spalte.

Warum tue ich mir das an? Das Leiden an der Hirnlosigkeit anderer? Ich habe mich das oft gefragt und es plötzlich beim Lesen eines Interviews mit David Beckham gewusst (es ging um das Vorstellen von Armani-Unterhosen): Ich hechle über die Neuigkeiten aus dem Land der Einfältigen, weil ich von der Idee besessen bin, dass irgendwann doch ein Wort auftaucht, das eine Ahnung von Geist preisgibt und mir (und allen anderen Lesern) erklärt, warum hier jemand – ein sogenannter Journalist – eine Seite vollmacht, vollmachen lässt, und sie uns hinterher verkauft. Okay, könnte man mitten in der Lektüre ausrufen, wenigstens *ein* kluger Gedanke zwischen dem pausenlosen Blabla. Wenigstens das. Aber nein, das Wort (um von einem vollständigen Satz nicht zu reden) kommt nicht, kommt nie. Man watet bis zur Gürtellinie versunken in Scheiße und kann am Ende der Folter – das klingt ziemlich pervers – nur Männer und Frauen bewundern, die es schaffen, das Leben ohne eine Mindestration Hirnschmalz hinter sich zu bringen. Man liest und ist anschließend leerer als zuvor. Eine höchst erfolgreiche Null hat geredet und uns mit einer Nullmeldung nach der anderen bombardiert. Kann man an Seichtheit ersaufen? Aber sicher.

Nun, der wahre Dummkopf bin ich. Warum blättere ich nicht weiter? Warum schneide ich mir D. B. und V. B. (Victoria Beckham) und Konsorten nicht als Klopapier aus? Warum? Das sind gemeine Fragen. Will ich – hundsgemein ehrlich und tief im Busen – sein wie sie? Tonnenschwer reich, megaberühmt und rastlos schwachköpfig? Weil die Schwachköpfe immerhin wissen, dass doof sein Glück bringt. Schon diese Erkenntnis wäre ein Grund, das Denken – «das traurig macht», so George Steiner – aufzugeben.

Ich vermute, das sind eitle Überlegungen. Zudem ganz hilflos. Wie eine Hohlbirne nie voll werden will, so kann einer, der gern seine kognitiven Fähigkeiten trainiert, nicht plötzlich stillstehen und seine obere Schädelhälfte lahmlegen. Das ist sein Ding, auf vertrackte Weise macht ihn Denken froh, trotz aller Widersprüche. So froh wie den anderen seine Geistlosigkeit, die ihn im Leerlauf souverän durch die Welt manövriert. So ist der Stand der Dinge. Und keiner rüttelt daran. Man staunt nur wieder, wie geduldig Mutter Erde sich verausgabt. Sogar Heerscharen von Schafsnasinnen und Schafsnasen nährt sie, versorgt sie, lässt keinen von ihnen im Stich. Jammerschade.

EIN ALBTRAUM, SPÄTER EIN ZWEITER

Wer kennt nicht Paul Watzlawicks *Anleitung zum Unglücklichsein,* seinen grandiosen Leitfaden für all jene, die begabt dem Glück aus dem Weg gehen. Nun, Paul hat ein Kapitel vergessen, hier kommt es: Wer weiterhin auf sein Pech bestehen will, der lasse sich von *DHL* etwas zuschicken. Ich gehöre zu den Langsamen im Kopf, ich habe mich – als Kunde, der vergeblich wartet – zehn Jahre von dem Unternehmen foltern lassen. Erst im elften Jahr, erst dann, wachte ich auf. Hier die Story:

Ich vergaß auf einem Flughafen meinen Laptop, liegengelassen nach der Röntgenkontrolle. Als ich in Paris ankam, merkte ich den Verlust, rief den Flughafen an, ja, der Mac befindet sich im Fundbüro. Ich kontaktierte eine Freundin, bat sie, das Teil abzuholen und mir per Schnellkurier nachzuschicken. Ich warnte sie zu spät, somit ging der Computer per *DHL* nach Frankreich. Für achtzig (!) Euro wurde die Lieferung für den nächsten Tag versprochen.

Am dritten Tag und nach mehreren telefonischen Reklamationen machte ich mich auf den Weg ans andere Ende von Paris, zum Hauptlager von *DHL*. Gemeinsam mit einem Angestellten suchte ich eine Stunde nach dem Paket. Man muss den Laden gesehen haben, um zu begreifen, warum die Firma den miserablen Ruf verdient, der an ihr klebt. Wir fanden das Gerät schließlich, ich registrierte, dass es lediglich in einer Plastiktüte (!) verpackt war, schaltete es ein, kein Bild, kein Ton, dafür Dellen an zwei Ecken, alles klar, alles kaputt, irgendein *DHL*-Depp hatte es fallen lassen oder als Wagenheber für die letzte Reifenpanne benutzt.

Folge: Einen Mac-Spezialisten in meine Wohnung kommen lassen, um die Daten zu retten und ein Gutachten des Schadens («unreparierbar») einzuholen, ein neues Gerät kaufen, alles neu installieren, fünf Tage Arbeitsausfall, dazwischen insgesamt siebenundzwanzig Anrufe bei *DHL*, die immerhin nach dem achtundzwanzigsten Mal reagierten und einen eigenen Gutachter vorbeischickten, um den Totalschaden amtlich zu bestätigen. Es folgten nochmals dreizehn Anrufe und fünf Wochen, bis das Geld auf meinem Konto lag. Ziemlich genau die Hälfte meiner Ausgaben. Und kein halbes Wort der Entschuldigung.

Als ich am sechsten Tag wieder am Schreibtisch saß, kam plötzlich eine Erinnerung zurück. Vor Jahren hatte ich eine *DHL*-Werbung auf CNN gesehen. Absurd witzig, ich hockte in einem Hotelzimmer mit dem einzig verfügbaren Fernsehkanal und wartete auf meinen Pass (mit einem beantragten Visum), unterwegs mit *DHL*. Natürlich kam er nicht rechtzeitig. Heute weiß ich's, so sieht der sechste oder siebte Kreis der Hölle aus: immer auf *DHL* warten und dabei immer auf die bellenden Nachrichten-Weiber von CNN glotzen müssen.

NICHTS FÜR GUTMENSCHEN

Wer Afrika betritt, sollte Angst haben. Vor sich. Denn er wird drei verwirrende Seelenzustände kennenlernen. Der erste: Der Neuling tritt als Gutmensch auf. Jeden Schwarzen, dem er über den Weg läuft, erklärt er für heilig, für herrlich, für schuldlos, für herzensrein, für strahlend intelligent, für ausgebeutet, sieht nichts als das Opfertier in ihm. Eine Zeitlang wird der Gutmensch als Empörer über den Kontinent reisen. Mit Inbrunst wird er von dort aus auf den schrecklichen weißen Mann anlegen, ihn mit dem ranzigen Pfaffenton des Dritte-Welt-Betroffenen heimsuchen und ihn für jeden Abszess, jeden Schmerzensschrei, jede verhungernde Ratte verantwortlich machen.

Eine Zeit lang hält die Maske. Bis der Gutmensch in verlausten Betten schläft, sich mit Typhus-Verdacht und elendem Bauchgrimmen in ein «Krankenhaus» mit unbetretbaren Toiletten schleppt, bis er schweißgebadet in eine Kalaschnikow vor seinem linken Nasenloch blickt, bis er – so wenig reicht schon – miterleben muss, wie zweimal ein Bus nicht haarscharf zur rechten Stunde losfährt. Ein achtsamer Gutmensch wird nach solchen Erfahrungen eine Metamorphose an sich beobachten. Die Maske blättert, und die nächste, die des Renegaten, tritt an ihre Stelle.

Jetzt sollte jeder Afrikaner in Deckung gehen. Jetzt sieht unser Ex-Menschenfreund nur noch Bimbos daherkommen, die es von eins bis zehn nicht ohne intensiveres Nachdenken schaffen, nur noch Hinterhältige, nur noch zweibeinige Faultiere, die träge verfaulen und – auf Kosten des fleißigen weißen Mannes – schmarotzen. Fazit: Je pompöser der Schwarze zuvor in den Adelsstand gehoben wurde, umso rasanter nun sein Fall in die Tiefen ätzender Verachtung. Die Würde des Menschen ist antastbar. Aber wie.

Letzte Stufe, die schwierigste. Der Gutmensch wird ein Zeitgenosse – sofern er genug Kraft hat, sich von der Wirklichkeit etwas beibringen zu lassen –, der einen dritten Blick riskiert. Er tut das, was die Amerikaner einen «reality check» nennen. Er checkt die Tatsachen, beobachtet weder mit sanften Kuhaugen noch mit geiferndem Furor seine Umgebung. Hat der Schwarze Glück, kommt er endlich als Mensch zum Vorschein. Nicht unähnlich dem eigenen (weißen) Menschsein. Das wäre ein Wesen mit feinen Seiten und dunklen Flecken, mit einer leichtsinnigen Freude am Nächsten und einem zwischendurch gehörigen Ekel vor ihm, ja mit der Sehnsucht, sein Leben einigermaßen passabel zu bestehen, und mit der Furcht – auch das –, als Loser und Nichtsnutz zu enden.

Ungenau beobachtet. Wer näher kommt, sehr nahe, wird eine vierte Stufe des Bewusstseins in Afrika erreichen. Sie bleibt jenen reserviert, die sich lange, ziemlich lange, dort herumtreiben. Denn sie wissen irgendwann, dass der Schwarze tatsächlich der bessere Mensch ist. Da vergnüglicher, beschwingter, verzeihender, großzügiger, (noch) nicht so geknechtet von der Gier nach Alleshabenwollen. So schreibt einer, dem Schwarze an die Gurgel sprangen, dem sie die Taschen leerraubten, dem sie mit einem Kopfschuss drohten und den sie als «white trash» oder «son of a bitch» beschimpften. Immer Ereignisse, die ich nie als Widersprüche zu meinem Wohlwollen für Afrika empfunden habe. Nur eben als Hinweise, dass nicht alle siebenhundert

Millionen meine Freunde sind und dass ich mich wie mancher unter ihnen – müsste ich leben wie sie – viel eher, viel rabiater für die Spielregeln eines Banditendaseins entschieden hätte.

REISEN IM JAHRHUNDERT DER SCHLAFMÜTZEN

Erleuchtet wurde ich von einem Journalisten, der in einem Radiointerview wissen wollte: «Welche Landstriche kann man verschlafen?» Wir sprachen über eine Reise entlang der Westküste Afrikas. Ich war so perplex über die Frage, dass ich dem Schnarchsack empfahl, den Beruf zu wechseln. Obszöner geht es nicht. Reisen, nein aberwitziger, durch Afrika reisen und schnarchen!

Monate später stellte sich heraus, dass ich mich bescheiden sollte. Verschlafen andere Landschaften, verpenne ich einen ganzen Zeitgeist. Ein zweites Mal begegnete ich dem Radio-Fritzen, wiedergeboren in Form einer hübschen Angestellten. Ich brauchte sie, denn böse Geister hatten mich an einen von Betonwarzen (Hotels) und Leichen (Alkoholleichen) geschändeten Ort in Vietnam verschlagen. Laut Broschüre ein «Traum von Sonne und Partys».

Hier die Szene, die mich endgültig in die Wirklichkeit zurückholte. Ich wollte dem Proleten-Paradies entkommen und suchte ein Reisebüro. Um meinen Abgang rechtzeitig zu organisieren. Jedes Bleiben erträgt sich leichter, wenn man weiß, dass ein Fluchtauto bereitsteht. Ich fand *Quick Travel* und fragte nach einem Zugticket für den nächsten Tag, von hier nach Quang Ngai.

Das Mädchen rief am Bahnhof an. Vergeblich, da alle Tickets bereits verkauft waren. Sehr ungelegen kam der Hilfsbereiten die Absage nicht, denn jetzt war Gelegenheit, das hauseigene Angebot vorzuschlagen, Busse. Sogleich fragte Hien, ob ich einen «sleeping seat» buchen wollte. Obwohl ich tagsüber fuhr, sollte ich schlafen? Schon wieder. Die Schöne nahm mein Schafsgesicht nicht zur Kenntnis und zeigte mir das Foto eines *Quick Travel Autocars*, Innenansicht. Man sah lauter liebe Zeitgenossen auf ihren *sleeping seats*, schwer relaxed, drei mit Bierdosen in der Hand. Die meisten sahen aus, wie man sich – vielleicht war ich schon durch die zwei furchtbaren Worte manipuliert – gutgelaunte Trantüten vorstellte. Fehlte nur noch, dass Hien fragte, wann das Begleitpersonal mich umbetten sollte.

Unübersehbar, auch in Asien griff jetzt die Komfortsucht um sich, ihre zwei besonderen Kennzeichen: immer im behüteten Rudel, immer in der Luxusklasse. Lediglich eine Minderheit will noch anders auf die Welt zugehen, nah, näher, ausgelieferter. Unbeaufsichtigt. Betrübt trottete ich hinaus und dachte an den wehmütigen Satz von Clint Eastwood: «Es gibt nur noch wenige Dinge, für die ein Mann gebraucht wird.» Herr im Himmel, ich will nicht schlafen, ich will befeuert werden.

WELTREISENDER UND ARMES WÜRSTCHEN

Das *Oriental* in Bangkok sieht von außen noch immer wie ein frisch renoviertes Altenheim für Gewerkschaftsbosse aus. Okay, für reiche Gewerkschaftsbosse. Hinter der Fassade jedoch ist das Hotel Weltklasse, weltberühmt. Viele Male wurde es zur Nummer eins gewählt. Auch klar, den Preis gewann immer das Personal. Weil es meisterlich darauf trainiert ist, jedem Mega-Ego, das hier absteigt, jedem Protzer und Hornhautmenschen das ununterbrochene Gefühl zu vermitteln, einzigartig zu sein. Mit Raffinement füttern sie hier jeden Wichtigtuer mit der Illusion, wichtig, nein, superwichtig, zu sein.

Ich kam mit Herrn Thomas H. vorbei, einem bekannten, vielgereisten Fotografen, mit dem ich für eine Reportage in Thailand gearbeitet hatte. Ein haltloser Zyniker, den ich hier zum Abendessen einlud. Ich wollte ihn therapieren, ihm seinen Zynismus wegschmelzen. Ich dachte, das sei der rechte Ort. Ich täuschte mich. Ich scheiterte. Trotzdem, die zwei Stunden waren lehrreich, ich will sie nicht missen.

Wir gingen ins *Rim Naam Restaurant*, das zum Haus gehört, direkt am Chao Phraya River gelegen. Ein Märchenplatz. Dennoch vergebens, nichts half, um den Mann von seinen beiden Lieblingsbeschäftigungen abzubringen, unglücklich und zynisch zu sein. Nicht die schaukelnden Lichter auf dem Wasser, nicht die kühlende Brise, nicht das beispiellos freundliche Ambiente. H. blieb verstockt, blieb reinrassig weiß, wusste auch hier noch, wer schlecht war und wer schlechter. Schlecht waren die Weißen, aber schlechter die Asiaten. Die Thais nannte er «rassistisch», ja, rassistisch: «Weil sie dich anlächeln und dabei nichts anderes im Sinn haben, als dir das Messer reinzurammen.» Das klang besonders komisch, denn als er den Satz – gottlob auf Deutsch – aussprach, stand ein schöner Mensch neben unserem Tisch. Um H. nachzuschenken. Begleitet von einem vollendet rassistischen Lächeln. Einen wirren Augenblick lang suchte ich das Messer in der Hand der Schönen. Es gab keines, nur französisches Sprudelwasser.

H. ist deshalb so interessant, weil er kein Einzelfall ist, sondern ein Typus: der professionelle Weltreisende mit dem Gedankengut eines Provinzlers, der Inhaber eines vollgestempelten Passes mit einer mäßig funktionierenden Großhirnrinde. Beim Abschied kam H. keine Sekunde die Idee, sich für die Einladung zu bedanken. Als ich ihn hinter einem Straßeneck verschwinden sah, war ich außerstande zu sagen, was furchterregender an ihm war. Sein Zynismus oder sein Unglück. Beide nährten einander. So kann einer vielmals die Welt umrunden und sich jedes Mal standhaft weigern, von ihr zu lernen. Reisen als Sackgasse. Bravo.

RÄTSEL UND FASSUNGSLOSIGKEITEN

MÜTTERCHEN RUSSLAND

Gleich vorweg ein Geständnis. Die Reise liegt lange zurück, über zwanzig Jahre, Steinzeit, jene Zeit eben, in der die Kommunisten in der Sowjetunion wirtschafteten. Ich denke gerne daran. Weil die Schmerzen verheilt sind, auch keine Narben mehr brennen, nur noch Heiterkeit ausbricht bei dem Gedanken an die Betonköpfe und ihre Untertanen. Die kurze Erzählung soll auf bescheidene Weise daran erinnern, was alles menschenunmöglich ist, wenn Denkverbote das Hirn knebeln und es täglich von ewigen Wahrheiten geschurigelt wird.

Ich hatte Glück. Schon auf dem Weg in die Hauptstadt wurde ich eingestimmt. Ab Budapest hing am Zugende ein Speisewagen. Als ich zwei Stunden später dort eintraf, kam ich zu spät. Ich bestellte einen Tee, doch der Tee war schon weg. Diskrete Nachforschungen ergaben, dass er inzwischen von den zwei Kellnerinnen verkauft worden war, en gros, hurtig und umsichtig. Nicht an Gäste, sondern an Zwischenhändler, die an den Stationen bereits warteten. Als ich missmutig die Frechheit kommentierte, schleuderte mir die gewichtige Galkina einen Satz entgegen, den ich überrascht, ja freudig notierte: «Ich glaube nicht an Lenin, nicht an Gorbatschow, auch nicht an Demokratie, ich glaube an Cash.» Galkina sah aus wie eine Babuschka und redete wie eine Neoliberale.

Die Sowjets waren beides, Täter und Opfer. Am Ziel, dem Kievski-Bahnhof, sah ich einen Bauern vorbeieilen, auf seiner Reisetasche stand: «Denk an die anderen! Sicher auf

Bayerns Straßen!» Wäre das kein Thema für einen Roman? Die Geschichte dieses pinkgrellen Plastiksacks und jene des bayerischen Lumpen, der dem armen Bäuerlein für den Schrott sicher die Ersparnisse der letzten zwei Monate abgeknöpft hatte. Die Russen waren schon damals verrückt nach westlichen Konsumgütern. Kein Wunder, dass sie von jedem über den Tisch gezogen wurden.

Ich stieg im *Hotel Ukrania* ab, das ähnlich brachlag wie die Republik, durch die ich gerade gekommen war. Es begann mit dem Kampf im Lift. Im neunten Stock befand sich das Zimmer, aber hier wollte er nicht halten. Ein Kompromiss musste her, der elfte Stock schien die nächstgelegene Anlaufstelle, hier stoppte der Aufzug. Wie auf jeder Etage bewachte eine Angestellte den Flur. Sie saß am äußersten Ende und beobachtete, wer kam. Kamen dem Sozialismus abträgliche Elemente (Huren oder Männer mit Huren), so fand ein Geldwechsel statt. Damit die Aufpasserin nicht aufpasste. Auf meinem Stockwerk schlief das Personal augenblicklich.

Das Zimmer war in Ordnung, abgesehen von der schweren Hitze. Eine Hochsommersonne loderte, und die Heizung ließ sich nicht abstellen. Dass die Spülung erst nach dem vierten (energischen) Zerren funktionierte, machte die Luft nicht angenehmer. Ich dampfte schweißtriefend über der Kloschüssel und wusste wieder einmal, dass die Sowjetunion der rechte Ort war, um *Zen* zu üben: Nicht den Atem flach werden lassen, eher ruhig weiteratmend die Dinge hinnehmen, wie sie sind.

Als ich aus dem Zimmer trat, war die hübsche Lydia aufgewacht und blickte streng auf den Mann, der ihr aus dem dunklen Tunnel entgegenschlenderte. Und ich lächelte. Und Lydia lächelte. Beide schienen wir plötzlich glücklich, wohl wissend, dass noch keine Ideologie erfunden wurde, die ein Lächeln zwischen einem Mann und einer Frau hätte verhindern können. Beim Abendessen im riesigen Restaurant passierte es. Das von mir bereits mit der Übernachtung bezahlte Abendessen kam nicht. Ich lächelte, ich atmete tief, ich atmete bewusst, ich bettelte. Mehrmals. Mehrmals vergeblich. Einmal wetzte der Oberkellner vorbei und zischelte: «Grupa? Njet!» Da alle anderen gruppenweise die Tische besetzten, so war zu vermuten, wurden Alleinreisende, Asoziale eben, nicht bedient.

Nun begann ein furchtbarer Konflikt in mir. Ich fragte mich, ob ich jetzt tatsächlich – nach all dem, was zwischen den beiden Völkern vorgefallen war – der böse Deutsche sein wollte. Anscheinend ja, denn der Gutmensch in mir verlor. Ich stand auf und brüllte auf Englisch (um das Schlimmste zu verhindern) nach meiner Bouillon und dem Kotelett. Und etwas Ungeheuerliches geschah. Alle blickten herüber, ein, zwei Sekunden lang völlige Stille, dann donnernder Applaus, begleitet von stürmischem Gelächter. Ich grinste schüchtern, der Oberkellner rauschte an, ein durchaus anregender Tag ging zu Ende.

ASIEN FÜR ANFÄNGER

Höre ich das Wort «Asienexperte», verbeuge ich mich in Ehrfurcht. Wie ich jeden beneide, der sich auskennt. Ich war oft in Asien und kenne mich noch immer nicht aus. Schuld daran hat der Dichter Bert Brecht, der jedem meiner Anflüge zum Besserwissen mit dem poetischen Satz widersprach: «Alles übergab ich dem Staunen, selbst das Vertrauteste.» Ich bin folglich der richtige Mann für diesen Text, ich bin ein Anfänger, ein Stauner.

In einer Höhle im Norden Kashmirs verbrachte ich einige Wochen mit Sharma, einem Sadhu, der seine Familie verlassen hatte, um «zu suchen». So nannte er das. Er aß, er bettelte, er meditierte. Nie verspürte er das Bedürfnis, sich zu rechtfertigen. Er gab mir das Beste, was einer dem andern schenken kann: seine Begabung zum Glück.

Eines Abends saßen wir vor dem Eingang seiner Höhle. Warmer Regen fiel, ein kleines Feuer brannte, und der Sannyasin erzählte. Hier im Himalaya lebte vor vielen tausend Jahren ein Volk, das immer unterdrückt gewesen war, immer Versager, nie Sieger. Keinen Augenblick atmete es frei und bestimmte sein eigenes Schicksal. Später, viel später, entdeckte man – so die Legende – das Geheimnis dieses unaufhörlichen Bankrotts. Es handelte sich um einen Sprachfehler. Ein einziges, einsilbiges Wort fehlte den Verlierern, das Wort: NEIN. Nein als Zeichen von Eigensinn und Selbstverantwortung.

Zu Sharmas Geschichte passte ein Tagebucheintrag von

Hermann Hesse, der davon sprach, dass ihm ein anderes Wort fehlte, das winzigste Wort von allen, eben: JA. Ja als Ausdruck von Hingabe und Vertrauen. Deshalb machte auch er sich auf den Weg nach Asien, suchte Erlösung vom Los eines Deutschen, der nie aufhören durfte zu denken, nie loslassen konnte, den nichts mehr schreckte als ein paar Stunden sinnlosen Glücks. «Zuversicht üben in das augenblickliche Leben», das war einer der Sätze, den der Schriftsteller ganz oben in seinem Marschgepäck verstaut hatte.

Während meiner Zeit in einem japanischen Zenkloster konnte ich jeden Samstagabend eine halbe Stunde lang mit dem Roshi sprechen, dem Leiter. Wozu es nie kam. Anscheinend waren meine Fragen derart komisch, dass der Alte jedes Mal schallend zu lachen anfing. Ich wollte so unvorstellbare Sachen wissen wie: Gibt es ein Leben nach dem Tod? Was ist der Sinn des Lebens? Woher kommen wir? Hatte der Meister zu Ende gelacht, schickte er mich weg. Irgendwann begriff ich, dass auf absurde Fragen nur absurde Antworten passten. Oder eben Gelächter. Hatte ich nach Monaten etwas gelernt, dann vielleicht: im Augenblick zu leben, bescheidener formuliert, gelernt zu versuchen, im Augenblick zu leben.

Jahre später lief ich in Indien einem Guru über den Weg. Der Typ begrüßte mich mit den einfachen Worten: «Ich bin hier, um dich zu verwirren.» Den Satz werde ich noch auf dem Totenbett flüstern, so zielgenau redete er von Asien. «Asienexperte», das ist ein lustiges Wort.

ZWEI AFRIKANISCHE WUNDER

Johannesburg ist ein anstrengender Ort. Der Fotograf Ken Oosterbroek und ich recherchierten für eine Reportage in einem der vielen Slums. Wir kamen gerade aus der Bruchbude einer Familie, die zu elft in einem Raum lebte. Uns schwindelte noch von den Schreien der zwölfjährigen Samangeli. Die Kleine war vor Wochen auf den brennenden Paraffinkocher gefallen. Seitdem musste man sie mit Gewalt festhalten. Damit sie ihre teuflisch juckenden Brandnarben nicht blutig kratzte.

Vor der Bruchbude wartete der nächste Schreck. Drei Gangster hießen uns willkommen. Mit einer Pistole vor Kens Magengrube und einem Messer an meinem Hals. Sie forderten die Kameras und den Autoschlüssel. Sekunden später geschah etwas Ungeheuerliches. Der alte Credo, Vater der verunglückten Tochter, stürzte heraus, stellte sich zwischen die *Walther P38* und den Fotografen und schrie das Gesindel an: «Warum tut ihr das? Ist das unser neues Südafrika? Was würde Mandela dazu sagen?»

Ich glaube, ich grinste heimlich, trotz aller fürchterlichen Ängste. Absurderweise fiel mir Berlin ein, ich sah diese Szene dort stattfinden, sah einen hilfsbereiten Nachbarn heranstürmen und schreien: «Ist das unser neues Deutschland? Was würde Kohl dazu sagen?»

Nicht dass der Hinweis auf den Präsidenten die Halunken zur Nachsicht bewegt hätte, grimmig brausten sie mit unserem Wagen davon. (Aber ohne Kameras, Ken hatte die Herausgabe verweigert, worauf der Ganove abdrückte und die *Walther* ... blockierte.) Dennoch – trotz der Adrenalinkeule – hatte ich in diesem Moment begriffen, wie tief das Mahnmal Mandela in der südafrikanischen Seele verwurzelt war. Ein einfacher Landarbeiter riskierte sein Leben, um uns – zwei Weißen(!) – zu Hilfe zu eilen.

Jahre später war ich wieder in Johannesburg, nun für einen Bericht über Nelson Mandela. An einem warmen Wintermorgen fuhren wir zur *Sacred Heart Nursery*, einem katholischen Kindergarten. Hier wurde der Präsident erwartet, ein Höflichkeitsbesuch stand an.

Man will es nicht fassen, aber mit «katholisch» assoziierte man in diesem Land – einst beschlagnahmt von moralinsauren Calvinisten – ein eher lebensbejahendes Gefühl. Seit 1976, nicht zu früh, stand diese Krippe allen Rassen offen, auch der «warte Gevaar», der schwarzen Gefahr.

Bevor Mandela eintraf, durften wir uns umschauen. Ich arbeitete an diesem Tag mit einem anderen Fotografen zusammen. Ken Oosterbroek, der Freund, war inzwischen tot, erschossen. Keine Ladehemmung hatte ihm diesmal das Leben gerettet.

Missis Tietjens, die Leiterin, erzählte ihre Lieblingsgeschichte: Eines der zweihundert Kinder hieß Willie, ein weißes Kind. Kurz darauf kam noch ein Willie, ein schwarzer Junge. Ganz automatisch hielten die Erwachsenen die beiden auseinander, indem sie den einen den «weißen Willie» riefen und den anderen den «schwarzen Willie». Bis die Kinder es ihnen vormachten, weiser vormachten. Den einen Vierjährigen nannten sie den «alten Willie» und den anderen Vierjährigen den «neuen Willie».

Wenige Minuten vor neun bog die Kolonne mit dem hellgrünen Mercedes des Präsidenten in den Hof. Da es noch immer viele Zeitgenossen unter den dreißig Millionen gab, die haarscharf weiß und schwarz voneinander trennten, sprich, von Versöhnung nichts wissen wollten, kamen zuerst neun Bodyguards zum Vorschein. Wunderbar still wurde es für einen Augenblick, dann öffnete der Fahrer die hintere Wagentür, und Nelson Mandela stieg aus. Er gehörte zu jenen Männern, die immer schöner wurden. Behutsam und mit leicht gekrümmtem Rücken betrat er den Kindergarten. Nicht zu übersehen, *The Long Walk to Freedom* – so der Titel seiner Autobiographie – war lang und zehrend.

Hinter der Eingangstür lag ein Südafrika, von dem der Alte in seinen 10 527 Gefängnisnächten geträumt haben muss. Quirlige Rotznasen – hemmungslos desinteressiert an Hautfarben – rannten durcheinander, kreischten, teilten die Spielwiese großzügig mit Schweinchen Babe und Ziege Prince. Die begabt faul in der Sonne lagen.

Viel Zeit war nicht. Die Winzlinge belagerten den Helden, ein Foto wurde arrangiert, der Urgroßvater saß in der Mitte, drei der Fünfjährigen kletterten auf seine Knie, einer deutete auf die berühmte Nase und sagte: «Ich sah dich im Fernsehen.» Zuletzt schmetterten alle «twinkle, twinkle little star».

Ich hatte es kommen sehen, und es passierte. Als der Achtzigjährige sich erhob, ging ich auf ihn zu und streckte ihm sein Buch entgegen. Ob er nicht signieren wolle? Und der Autor warf einen freundlichen Blick auf den Bittsteller, schrieb seinen Namen hinein und reichte es lächelnd zurück. Ich schaute auf die Unterschrift und heulte. Wie lächerlich, ich weiß. Aber so war es.

ANDERE LÄNDER, ANDERER SEX

Ich streunte durch Saigon, nachts. Nach einer knappen Stunde stand ich vor einem Rohbau, eher zufällig. Ich hielt einen Moment inne, da ich mir einbildete, im ersten Stock Schemen von Personen zu sehen. Undeutlich, denn vor der Fassade hing ein Bambusvorhang. Ich hatte den Gedanken noch nicht zu Ende gedacht, da erschien ein Mädchenkopf auf der Balustrade und rief zischend: «Come, come.»

Ich folgte ihrer Armbewegung und huschte über eine provisorische Treppe hinauf. Sobald sich die Augen an das diffuse Licht der Straßenlampen gewöhnt hatten, blieb kein Zweifel. Ich wurde als Kunde gerufen. Um in diesem Sackgassen-Puff den gebotenen Service in Anspruch zu nehmen. Ich war zu überwältigt von dem Gebotenen, als dass irgendein Gedanke an Erotik aufgekommen wäre. Das hier war neu, unheimlich neu. Als Reporter durchquert man so manches Bordell, aber in dieser vietnamesischen Mainacht entdeckte ich den harten, den härtesten Strich. *For adults only.*

In einem langen, länglichen Raum – unverputzte Wände, kein einziges Möbel – standen die Mädchen. Und die Männer, meist in Dreiergruppen, flanierten an ihnen vorbei, nickten irgendwann mit dem Kopf, und die Hure ging mit. Ein paar Schritte, bis irgendwo zwei Quadratmeter frei waren und die Allzeitbereite eine Plastikfolie auf dem Betonboden ausbreitete, die Scheine verstaute (drei Dollar pro Männerglied), sich auf den Rücken legte, den Slip abstreifte und die Beine öffnete. Das war das Startzeichen für den ersten Anwärter, der nun seine Hose bis zu den Oberschenkeln runterzog, sich niederkniete, mit ein paar trockenen Stößen sein Bedürfnis hinter sich brachte, aufstand, sich wieder bedeckte, den Reißverschluss zuzog und dem nächsten Kunden – er wartete direkt hinter ihm – Platz machte. Wieder die trockenen Stöße. War der Letzte in der Reihe fertig, wischte die Prostituierte mit einem Stück Toilettenpapier über ihren Intimbereich, fingerte nach dem Höschen, faltete das Plastik und ging zurück an die Mauer.

Nicht jeder griff nach einem Kondom, nicht jede bestand darauf. Alles geschah wie hinter Glas. Wer redete, flüsterte. Kein Laut des Ekels, kein Lustseufzer, nur die seltsam unspektakulären Geräusche von Männern und Frauen, die sich begatteten.

Später würde ich mich an das Knirschen von Schuhsohlen auf Kieselsteinen erinnern, Männerschuhsohlen, die an den bereits beschäftigten Mädchen vorbeischlenderten und einen kühlen Blick auf sie warfen, sich wohl fragten, ob sie sich hier anstellen sollten oder vor einer anderen, nicht weniger abwesend daliegenden Frau.

Wie schaffte der Mensch das? Die Frau da, die Männer da.

SCHWUL ODER NICHT SCHWUL

Am heftigsten zittere ich vor jenen Zeitgenossen, die immer *online* sind, genauer, «online with god». Den Ausdruck habe ich von einem englischen Hochwürden, der sagen wollte: Direkt verbunden mit dem Herrgott, sprich, immer im Vollbesitz der Wahrheit.

Eine der allerletzten Wahrheiten von Hochwürden – ich fand sie in einer englischen Tageszeitung – war die Tatsache, dass Homosexualität *widernatürlich* («perverted») sei. Seine Kirche und viele Hochwürden stimmten ihm zu. Unbefleckte Empfängnis natürlich, zwei Männer im Bett unnatürlich. Dank den «lumières» (Lichter!) – so hübsch nennen die Franzosen die Aufklärung – müssen die Unnatürlichen nicht mehr auf den Scheiterhaufen. Aber Stuss müssen sie sich anhören, unfassbar viel Stuss.

Da ich in Paris lebe, der Hauptstadt der Schwulen, bin ich auch über die Fundsachen der hiesigen Hardcore-Homophoben auf dem Laufenden. So fand kürzlich ein französischer Abgeordneter heraus, dass Homosexualität der Heterosexualität gegenüber *minderwertig* («inférieur») sei. Um also sofort klarzustellen: Hier schreibt ein Höherwertiger, denn wie etwa neunzig Prozent der Bevölkerung finde ich Frauen schöner als Männer. (Eigentlich schade, träumte ich doch immer von einer Karriere als Bi.)

Aber ich treibe mich gern bei den Schwulen herum. Aus verschiedenen Gründen. Laut demoskopischer Untersuchungen gelten sie als besser ausgebildet und gründlicher gewaschen, ja als intelligenter als wir, die langweilige

Mehrheit. (Weil sie besser sein *müssen*, um sich gegen einschlägige Vorurteile durchzusetzen.) Ich höre das gern, denn die Anwesenheit von Hirn übt auf mich eine geradezu aphrodisierende Anziehungskraft aus. Deshalb mein Wohlwollen, mein entspannter Zustand in schwuler Nähe. Zudem sind die *Minderwertigen* weniger begabt zur Scheinheiligkeit, sie flackern weniger, sie zicken weniger mit ihrer Sexualität.

Abstecher nach Amerika, in den Süden, in den *bible belt*, das Epicenter himmlischer Narreteien. Diesmal demonstrierten nicht die Homos gegen die Übergriffe der rechtschaffenen Heteros, diesmal marschierten die Rechtschaffenen gegen die «buggers», die schwulen Säue, die ganz offensichtlich für das Elend der Welt verantwortlich waren. (Okay, die «hook noses», die Juden, und die «Nigger» sind auch schuld, aber heute waren die «fags» dran, die Tunten.) Einer trug ein Kreuz auf seiner rechten Schulter, ein *high-tech-cross*, über dessen Querbalken eine rote Leuchtschrift lief: «Seid auf der Hut, kein Homosexueller wird je das Reich Gottes betreten, eher wird er ins Feuer der Hölle geschleudert.»

Das war nicht schlecht, aber gelacht habe ich erst, als ich den ballondicken Fred im Pulk der Aufmarschierer entdeckte. Rosig, Baseballkappe, schwer schwitzend. Dennoch hielt er rabiat entschlossen den Todsündigen einen imposanten Pappkarton entgegen, Freds letzte Erkenntnis zu Fragen der Evolution des Menschengeschlechts: «God created Adam and Eve, but not Adam and Steve.»

Zugegeben, nach dem Lachen war ich gerührt. Gerührt von so viel Einfalt, so viel himmelblöder Selbstzufriedenheit. Wie übersichtlich muss das Leben sein, wenn es mit ewig verlogenen Wahrheiten gefüttert wird. Doch, für Augenblicke beneidete ich Fred. Nicht für immer, aber für vierundzwanzig Stunden wäre ich gern nur er, würde gern für einen Tag und eine Nacht wissen, wie es sich anfühlt, keinen Zweifel zu hegen und stets unbelehrbar und blindwütig der Wirklichkeit auszuweichen, ja nie innehalten und nie Fragen stellen zu müssen. Eben happy und selbstgerecht wie ein Ochse. Nach dem Ochsenleben, am nächsten Morgen, würde ich gern wieder aufwachen und elegant und tonsicher ein Lied von André Heller anstimmen: «Und wenn ein Mann einen Mann liebt, soll er ihn lieben, wenn er ihn liebt, denn ich will, dass es das alles gibt, was es gibt.»

EINMAL GEMETZEL, EINMAL LIEBE, EINMAL SCHONUNGSLOS

Im Bus sitzen und quer über die Halbinsel Sinai fahren. Alles wäre gut gewesen, wenn der Fahrer nicht beschlossen hätte, uns auszulöschen. Denn er legte eine Videokassette mit einer orientalischen Familiensaga ein. Aufgeführt von einer Mannschaft hochtoupierter Geiferinnen und brusthaarentstellter Gatten. Und einem verschwiegenen Killer, der mit Hilfe eines Goliath-Messers die eigene Familie zu dezimieren versuchte. Er hatte sofort meine Sympathie. Irritierend nur, eingedenk des schweren Verkehrs, dass der Fahrer bei jedem Stechen nach oben zum Gerät schaute und beifällig nickte, Subtext: Ja, noch herrscht Gerechtigkeit!

Irgendwann waren alle niedergestochen, die vom Volk geforderte Quote Gemetzelter schien erreicht, Stille. Ich schaute hinaus auf die Wüste und wurde jetzt – nach der Folter – mit einem wunderbaren Bild belohnt. Zwei Männer beteten auf einer Dünenkuppe, einer hinter dem anderen. Wie in weiße Segel blies der Wind auf ihre Galabeyas. Ein Bild makelloser Harmonie. Dazu der gelbe Himmel, der zuletzt blutete, so rot, so pathetisch wurde hier die Welt dunkel.

Ankunft in Nuweiba, hier lag der Hafen, um nach Jordanien überzusetzen. Morgen. Ich suchte ein Café. Sieben Cafés mit sieben laut plärrenden Fernsehern standen zur Auswahl. Ich war hartnäckig und fand einen Ort, der gleich drei außergewöhnliche Dinge bot. Einen stabilen Tisch, Ruhe und eine Story. Erzählt von Chalid, dem Restaurant-

Besitzer: Nicht weit von hier lag das Dorf Mizena. Vor ein paar Jahren bemerkte ein taubstummer Junge einen Delphin, der sich immer wieder dem Ufer näherte. Eines Tages schwamm Abdullah hinaus, und die beiden freundeten sich an. Dem Jungen gelang es, mit dem Tier zu kommunizieren. Und bald segelte das Kind auf dem Rücken seines Freundes hinaus. Tag für Tag.

Nach dieser Liebesgeschichte kam eine ohne Liebe. Chalid brachte mir drei gebrauchte Reiseführer, vergessen oder dagelassen von durchreisender Kundschaft. Ich blätterte in einem englischen *travel companion* und las folgende Empfehlung für das Auftreten in fremden Ländern: «Some ruthless bargaining is necessary», ein Spritzer rücksichtslosen Feilschens ist geboten. Wobei *rücksichtslos* die mildeste Übersetzung von *ruthless* schien. Andere wären *schonungslos* oder *erbarmungslos*. Unüberhörbar, hier sprach der weiße Mann, hier schrieb einer, dem seine Hintergedanken rausrutschten, hier traf einer unseren Umgangston mit der Welt.

DIE ACHSE DER FETTEN

Ein Forscher behauptete tatsächlich, dass an jedem 27. Dezember die Menschheit um Hunderte von Millionen Kilos schwerer sei. Da gemästet von Weihnachtsgänsen, Punsch und Schokoladenpudding. Da passt eine Meldung aus Adelaide, Australien. Die Busfahrer streiken, weil die Transport-Gesellschaft siebzehn Fahrer wegen Übergewicht entlassen hat. Die Arbeitgeber halten die Dicken für ein Sicherheitsrisiko. Die Sitze wurden für ein Gewicht von 135 Kilo konstruiert, aber alle siebzehn lagen schwer darüber. Den Kugelrunden zu sagen: «Fresst nicht so viel, sauft nicht so viel!», das geht nicht, das hieße, eine Minderheit zu diskriminieren. Undenkbar. Selbstverständlich trat sofort die Gewerkschaft auf den Plan und forderte neue Sitze, extra stark geschweißt: für die Hundertfünfzig-Kilo-Fatties.

Was lernen wir daraus? Nie aufhören, sich nach Ausreden umzuschauen! Inzwischen haben amerikanische Kinobesitzer – im Land der XXXL – ihre Sessel um fünf Inches verbreitert. Wie viel Popcorn musste gemampft werden, um es so weit kommen zu lassen? «Go large!», sah ich auf einer Burger-King-Tüte in Atlanta gedruckt. Das muss man den Amis lassen, Humor haben sie.

Und Ideen. Der Bürgermeister von Philadelphia ließ an vielen Hausecken der Stadt Waagen aufstellen. Damit die Bürger ihr Unglück nachmessen können. «On the spot.» Damit die Willensstarken unter ihnen zum Besuch eines Fitnessstudios angespornt werden. Auf Kosten der öffentlichen Hand. Vorausgesetzt, die Pfunde schmelzen.

Früher haben mich die Feisten zur Weißglut getrieben, ja schlimmer, zum Moralisieren. Ich sah sie immer als leibhaften Ausdruck einer Lebensform, die den Hals nicht vollkriegen kann, die – wie diese Gesellschaft, in der sie leben – auf Biegen und Brechen weiterfressen, weiterschlingen, weiterkonsumieren will. Muss. Auch auf die Gefahr hin, dass sie früh umfallen. Gefällt von der schieren Raffgier nach mehr, immer mehr, haltlos mehr. Zudem pfiff ich auf die allseits gepredigte Wohlanständigkeit, die uns «fat is beautiful» einbläuen will. Aber nicht doch, «fat is ugly». Basta.

Nun, die Weißglut habe ich hinter mir, heute will ich mich an den außer Rand und Band Geratenen ergötzen. (Und heute weiß ich, dass es auch dünne Gierige gibt.) Hier die ergötzlichste Szene der letzten Jahre: Auf der *Golden Gate Bridge* in San Francisco traf ich zwei Frauen. Da ich gerade vorbeikam, baten die Freundinnen mich, sie zu fotografieren. Die beiden waren so viereckig breit, dass ich Meter um Meter zurückgehen musste, um die fünfeinhalb oder sechs Zentner gemeinsam aufs Bild zu bekommen. Wir haben so gelacht, dass minutenlang kein Foto zustande kam. Wir konnten einfach nicht, wir hielten selig unsere Bäuche.

Und dann kam der 11. November 2003. Ich saß vier Meter von Hermes Phettberg entfernt, in einem Wiener Theater. Der Verkommene gilt als österreichisches Genie, als Denker, Dichter, Fresssack, TV-Talker, Komödiant, Fiesling, Zartling, schwuler Sexloser, Bettlägrig-Vermüllter, Bankrotter und Einzigartiger. Sechzehn andere Besucher saßen im Zuschauerraum, um Phettbergs – welch grandioser Künstlername – «Hirnstromprotokolle» zu hören. Aberwitzige Depeschen zum Thema Lebens-Untergang, Phettberg-Untergang, Welt-Untergang. Hermes ließ sein Hirn strömen.

Und irgendwann, nach so vielen klugen, depressiv-tiefbohrenden Gedanken und heitersten Ausrutschern kam das Finale. Wir durften den «Publizisten und Elenden von Wien» splitterfasernackt sehen. *Total frontal nudity*, sekundenlang. Bis das Genie und sein unfassbarer Body wieder unter einem Bademantel verschwanden.

Ergriffen verließ ich den Ort. Nie hatte ich einen Schmalen getroffen, der vorher so klug redete und sich hinterher so elegant, ja so grazil entkleidete. Der Fett-Berg stand vor uns, und wir blieben sprachlos. Ja, Hermes, der Unselige, hat mich bekehrt. Das grenzenlos Blade – wienerisch für megadick – kann funkelnde Schätze bergen. Es lebe, es lebe lang!

DIE NACHT, IN DER ICH GOTT WAR

Schönes Reporterleben. Ein Chefredakteur schickte mich nach Vanuatu, siebzehntausend Kilometer östlich von Europa, hinter Australien, mitten in der Südsee. Der kleine Staat mit den dreiundachtzig Inseln hieß früher *Neue Hebriden,* wurde 1774 von James Cook «entdeckt» und anschließend zweihundert Jahre lang vom weißen Mann geschunden. Der immer die Schweine und Kühe in seinem neuen Reich zählte, nie aber die Bewohner. Weil die nicht zählten. Das Übliche. Seit Juni 1980 ist die Republik unabhängig.

Ich sollte eine Story über das «Steuer-Paradies», genauer, das «Steuerhinterziehungs-Paradies» Vanuatu schreiben. Wie auf den Bahamas, den Cayman Islands, wie in Liechtenstein, so kamen hier die Herrschaften mit dem dreckigen Geld vorbei, um es vor Ort lautlos und unbehelligt zu «parken». Zinsenschwer. Bis ein Plan stand, um die Scheine zu waschen, sie erneut – jetzt «legal» – zu investieren. Noch profitabler.

Es kam zu erstaunlichen Szenen. Ich stellte mich bei den hiesigen Banken – alle in weißer Hand – als reicher Sohnemann aus dem Westen vor, der drei Koffer Geld zu viel hatte und sie gerne woanders unterstellen würde. Diskret, bitte. Ich war fein gekleidet, trug meine beste Uhr, musste ja überzeugen. Zugegeben, einige meiner Verhandlungspartner machten sich die Mühe und fragten nach dem Woher der schweren Geldsäcke. Andere waren entgegenkommender und verschonten mich mit lästigen Fragen. Der Hilfsbereiteste unter ihnen schrieb mir säuberlich die Namen, Adressen und Telefonnummern von zwei Schweizer Bankkollegen auf. Damit ich die Einrichtung eines Nummernkontos mit ihnen besprechen konnte. Sobald mein Hort dort verstaut wäre, könnte man ihn unbesorgt nach Vanuatu kabeln. Noch unkomplizierter wäre es natürlich, wenn ich persönlich das Übergepäck vorbeibrächte. Hier in der Bank. Klar, vorher müsste ich noch unbemerkt am deutschen Zoll vorbei. «Anyway, just think about it!»

Ich habe nicht darüber nachgedacht. Weil ich keine überflüssigen Geldhaufen besitze und weil ich Josef traf, einen Stammeshäuptling, der in der Hauptstadt Port Vila Taxi fuhr. Als ich einstieg, hatte der Mann einen seltsam-stieren Ausdruck im Gesicht, ohne Scheu starrte er mich an. Noch bevor die Fahrt zu Ende war, lud er mich ein, sein Dorf zu besuchen. Also machten wir einen Umweg zum nächsten Reisebüro und kauften zwei Tickets. Ich zahlte, und der *Chief* würde mich vielmals dafür entlohnen. Reporter trauen keinem, aber ihm traute ich.

Am nächsten Morgen flogen wir mit einer windigen Propellermaschine in den Süden des Archipels, auf die Insel Tanna. Wir flogen nicht, wir sackten. Von einem Luftloch ins nächste. Mark, der Neuseeländer und einzige Pilot weit und breit, pfiff ein Liedchen, und ich spürte den Achselschweiß durch mein Hemd sickern. Als wir nach fünfunddreißig Minuten auf einem hartgetrampelten Feld landeten, rannten zwei Schweine die letzten Meter mit uns um die Wette. Ich stieg aus, und die Polizei wartete auf mich. Woher ich käme? Wer ich sei? Warum ich käme? «Your passport, please, your ticket, please.» Nachdem sie festgestellt hatten, dass ich in einer Woche nach Paris zurückkehren würde, durfte ich die Blechhütte verlassen.

Draußen blickte ich wieder in Josefs Augen, wir grinsten

beide, jetzt wussten wir Bescheid. Sagen wir, er wusste, dass ich es wusste. Gestern Abend hatte ich noch mit ein paar Taxifahrern geredet, wollte mehr über Josef erfahren. Und die Neuigkeiten gefielen mir. Der Sechsunddreißigjährige war nebenberuflich einer der Chefs des *John-Frum-Kults*. Eine Bewegung, die von den weißen Herren mit Gewalt bekämpft worden war, von der heutigen Regierung wenig geliebt und vom alteingesessenen Klerus-Klüngel schwer opponiert wurde. Jemand musste die Behörden von meinem Flug mit Josef nach Tanna informiert haben. Deshalb der Check-up, die absurden Fragen.

Seit die Amerikaner hier während des Zweiten Weltkriegs stationiert waren, gab es diesen bizarren Mythos. Der Name John Frum soll einem US-Soldat gehören, angeblich ein Mulatte, der als «Visionär» auftrat. Sein (mutmaßlich) eigentlicher Name war «Broom», ein Besen eben, der aufräumte, einer, der gegen die Kolonisatoren und Missionare hetzte und den Bewohnern von Tanna versprach, ihnen ihre uralten, ureigensten Traditionen zurückzugeben. Plus Schätze über Schätze. Und der jählings weg war («im Gebüsch», sagen die einen, «im Wasser», sagen die anderen), zuvor jedoch noch beteuert hatte, wiederzukommen. Sagen alle. Als «Erlöser».

Wie bei jedem Glauben spielte auch hier die Wirklichkeit keine Rolle, sondern die Phantasie, das Wunschdenken, die Begabung, die eigenen Träume märchenhaft auszuschmücken. So wie bei den Christenmenschen Gekreuzigte munter auferstehen und Jungfrauen in den Himmel düsen, so zischte hier John Broom, alias John Frum, per Ufo zurück in den Weltraum. Oder per Tarnkappe ins Unterholz. Oder per Rennboot ins Zentrum der sieben Meere. Und da jeder andere «Fakten» gehört hatte, gab es auch viele Varianten vom Aussehen des US-Messias: einmal untersetzter Mischling, einmal bulliger Dunkelschwarzer, einmal – und jetzt kam ich ins Bild – Weißer. Lang und dünn.

Als wir endlich im Dschungeltaxi Richtung Josefs Heimatdorf saßen und furchterregend nah an Klippen und Abgründen entlangfuhren, grinsten wir zwei uns wieder an. Josef entspannt, ich flach atmend. Was immer mein Gastgeber dachte, ich war bereit, die Komödie mitzuspielen. Wer darf schon als Retter und Gott auftreten, leibhaftig und in Echtzeit miterleben, wie Religion fabriziert wird, wie jedes Mittel recht ist, um die Realität aufzupeppen, ja sie maßzuschneidern gegen die Ängste und Todesängste, die das Leben bereithielt.

Die letzten fünfzehn Minuten wanderten wir, rauf, runter, an sonnengelben Akazien vorbei, durch dichtes Unterholz. Bis wir eine Lichtung erreichten, ein paar hundert Meter vor Yaneumakel gelegen, dem Dorf von Josefs Familie. Abendstunde, Dämmerung, nur Männer, die sich wie dunkle Schatten bewegten. Josef stellte mich vor, warm und mampfend nickten sie zurück. Sechzig geblähte Backen, ein sonniger Empfang. Die Stunde für Kava, ein Ritual älter als jede Erinnerung. Gut, dass ich vorbereitet war auf das, was nun kommen würde, denn Vanuatus Nationalgetränk ist eine Herausforderung an letzte Willenskräfte. Eine Pfefferpflanze, deren robuste Wurzeln sie jetzt zu Brei kauten, dann auf Bananenblätter spuckten, dann die braunen Batzen mit Wasser vermengten und zuletzt durch ein Tuch in halbierte Kokosnüsse pressten, unsere Tassen. Fertig.

Ich war der Gast, «a very differend guest», ich sollte als Erster probieren. Alle blickten. Jetzt mussten die Willenskräfte her, denn die Sauce hat ein Braun, das man nur mit einem einzigen anderen Braun assoziieren kann. Geliefert mit einem, wie sinnig, bestialischen Geruch. In Port Vila hatte ich schon gekotzt und gelernt: nicht hinschauen, nicht riechen, alles in einem Zug leeren, stillhalten. Und so machte ich es, sie schauten, und ich spülte die erste Schale hinunter. Seit ich die Technik beherrschte, wusste ich, dass die betäubende Brühe jede Zumutung belohnte. Wie ein euphorisierender Dampf zischte der Saft unter die Haut. Und kein wilder Rausch, keine psychedelischen Flashs folgten, eher eine skurrile Heiterkeit. Wie Opium breitete sie sich im Körper aus.

Nun war ich gerüstet für die Holzwürmer, die fünf Zentimeter fetten Maden, frisch gebacken, die sie sogleich nachreichten. Wieder blickten sie, und wieder griff ich heroisch zu, schon nicht mehr zurechnungsfähig, schon wie alle sternhagelselig vom Kava erledigt. Dann wurden wir still, tranken weiter, sahen den roten Widerschein von Yasur, dem Vulkan, der feurige Lava in den Himmel schleuderte. Die Erde zitterte leicht, und einer flüsterte in Josefs rechtes Ohr, und Josef flüsterte es weiter zu mir: «Das ist John Frums Armee, seine fünftausend Mann, die unter der Glut des Kraters wohnen.» Ich biss mir auf die Lippen, augenblicklich konnte das Leben nicht schöner sein. Über zwei Dutzend Männer und ihr Gott, zurzeit ich, saßen im Urwald von Tanna und waren hemmungslos bereit, das Stück «Des Erlösers Wiederkunft» aufzuführen. Ohne Absprache, ohne Proben, aus dem Stand.

Irgendwann hatte jemand einen Toyota organisiert. Für mich und Josef, meinen Chauffeur. Wir brachen zum Nachbardorf *Sulphur Bay* auf, dem Zentrum des Kults. Alle anderen mussten zu Fuß gehen. Sie mussten nicht, nein, sie waren froh, mir folgen zu dürfen. Wäre ich nicht inzwischen dunkelblau geworden von fünf Kava-Ladungen, ich hätte vielleicht nicht die Nerven besessen, mich dem Götzendienst zu fügen. Aber so schien er in Ordnung, ich war John, der Ersehnte, und ich war viel zu neugierig, um auf dieses Spektakel verzichten zu können. Religion als Budenzauber, als Entertainment, von A bis Z erfunden, inszeniert und nachgebetet. Wie wahr. Wie vor fünftausend Jahren, wie vor zweitausend, wie heute. Ich wollte es wissen, ein solcher Tag, eine solche Nacht würden nie wiederkommen.

Was nun geschah, war so überraschend nicht. Als die Alliierten Ende 45 abzogen, entstand der «*Cargo Cult*». Auf vielen Südseeinseln. Die Einwohner bauten Häfen und Flughäfen als kindliche Imitate nach, bastelten Antennen aus Schilfrohr, zündeten nachts Feuer entlang der «Landepisten» an, alles, um die Götter zu überreden, wieder hier anzulanden. Denn sie hatten ja vorher die Gott-Amerikaner mit ihren riesigen Flugzeugen und Schiffen gesehen, gesehen die ungeheuerlichen «Erscheinungen», die daraus hervorkamen. Deshalb die Bambus-Towers und Bambus-Quais. Auf dass die Himmlischen zurückkehrten und sie reich beschenkten. Mit *cargo*, mit Fracht, mit viereckigen, vierrädrigen Kästen, die rasten, mit Schachteln, aus denen Stimmen und Musik drangen, mit Eisenrohren, die viele auf einmal totmachen konnten.

Josef, der Profi, fuhr gut, trotz der drei oder vier Promille im Kopf. Aber hier gab es keinen Gegenverkehr und niemanden, der zu einem Alkoholtest aufforderte. Bald erreichten wir ein viereckiges Areal, groß wie ein Fußballfeld. In das Grollen des Vulkans mischte sich jetzt das Rauschen der Schwefelbucht. Über zweihundert Männer und Frauen waren gekommen, viele mit Fackeln, jemand schlug eine kolossale Trommel, vier spielten auf wuchtigen Gitarren. Alle wiegten die Körper, alle sangen. Es war das immer gleiche Lied, tief, melodisch, eine Beschwörungsformel an ihn, den vor sechzig Jahren Verschollenen. Zehn «Wächter» umschritten das Viereck.

Heute war Freitag, ihr «Sonntag», denn – so die Legende, so *eine* Legende – an diesem Wochentag «verschwand» John F. Und die Szenerie, in die mich Josef nun hineinfuhr, war so grandios und urplötzlich, dass ich schlagartig nüchtern wurde. Das gelbe Feuer der Fackeln, die schwarzen, ekstatischen, mit Asche bedeckten Körper, ihr Gesang, der rote, donnernde Himmel, der Mond, die Wellen, die drei wehenden Flaggen der US-Navy, der Vereinigten Staaten, von Tanna. Phantastisch, was für ein fehlerloses Gespür für Drama und Dramatik sie besaßen, wie begabt sie waren für die fulminantesten Inszenierungen. Unbeirrbar und siegessicher führten sie den Zinnober vor, stellten die Insignien der Ekstase aus, waren mit wirren, irren Augen der Natur verfallen, einer Landschaft, die mit einem famosen Timing alle hier Versammelten anspornte, ja Nacht und Feuer und Donner mobilisierte, alles aufbot, um zum Glauben an Wunder zu verführen, an das Spiel höherer, nein, höchster Mächte. Völlig absurd schien in diesem Augenblick die Erkenntnis, dass nichts als Millionen Jahre alte evolutionäre Kräfte am Werk waren, nein, millionenfach nein, John war unter uns, seine Heerscharen ließen die Insel beben, und Engel fauchten über den Pazifik, damit er sich aufbäumte und als gigantischer Speichel der Götter die Küste von Sulphur Bay erreichte. Vollkommen logisch, dass Josef mir jetzt zuraunte, dass kein «normaler» Außenstehender je an einer solchen Zeremonie teilgenommen hatte. Auch der Satz war wichtig, um in ihm das Gefühl von Exklusivität und Zauber noch zu bestärken.

Ich wurde in einen Unterstand geführt. Hier saßen sieben Männer, sieben Frauen und zwei «chiefs», Chefs aus anderen Dörfern. Alle begrüßten mich herzlich und ehrfurchtsvoll. Josef stellte mich vor, pro forma, alle wussten bereits von mir, unwiderruflich war ich der, auf den sie so lange gewartet hatten. Der absolut letzte Beweis war das «Verhör» bei der Polizei. Warum sonst – wäre ich nicht John Frum? – hätten sie versucht, mich aufzuhalten?

Als ich in die so ergebenen, vor Bewunderung glühenden Augen der Anwesenden blickte, geschah etwas Unvorhergesehenes. Der Teufel ritt mich noch eine Spur inniger, ich wollte wissen, wie weit ich gehen konnte und wie blind und versessen Religion imstande war, jede Ratio, jeden vernünftigen Gedanken auszutricksen. Ich fing zu beichten an. Ich sagte, dass ich kein Amerikaner sei, sondern Deutscher, holte meinen Pass hervor und streckte ihn in die Luft. Ich Narr, ein lausigeres Argument hätte ich nicht vorbringen können, denn «das» konnte nur eine Finte von John sein, um die Behörden in die Irre zu führen. Als Amerikaner hätten sie mich wieder nach Port Vila zurückgeschickt, nicht aber als Deutschen.

Neben Josef stand Raimond, die zwei waren Freunde. Beide übersetzten, und da Raimond besser französisch als englisch sprach, redete ich mit ihm französisch. Für sie das nächste Zeichen, denn der vor langer Zeit Verschwundene «beherrschte alle Sprachen».

Die Chiefs führten mich herum, zeigten mir die Malereien mit dem gekreuzigten John Frum als schwarzem Sohn Gottes (meine helle Hautfarbe schien niemandem aufzufallen), zeigten die Marine-Uniformen, die er «getragen hatte», sein Hemd mit den *Stars and Stripes*, kramten zwei Fotos hervor, berichteten voller Enthusiasmus, dass man sie dort gefunden hatte, wo John zum letzten Mal gesehen worden war. Sie galten als sein «Testament», als handfester Hinweis, dass so ihre zukünftigen Dörfer aussehen würden. Ich erkannte sogleich die Skyline auf einem der Bilder, der *Sears Tower* leuchtete, zudem verwies ein Pfeil auf die *Michigan Avenue*. Spontan (und unbedarft) rief ich aus: «Das ist doch Chicago!» Damit lieferte ich den dritten Beweis. Wie sollte einer davon wissen, wenn er nicht göttlicher Herkunft entstammte? Und dass ich so viele Fragen stellte, hatte nichts mit meinem Beruf als Reporter zu tun – als den ich mich gerade geoutet hatte –, sondern mit John, der sicher sein wollte, dass «his people» ihm noch immer ergeben waren. Als sie eine Greisin hereinführten, die ohne zu zögern auf mich zuging, auf mich deutete und sagte: «Das ist der Mann, der mir im Traum erschienen ist», da ergab ich mich dem kindlichen Wahn, begriff, dass sie jeden meiner Einwände, die ich als Zeugnis meiner «Menschlichkeit» anführte, exakt als das Gegenteil interpretieren würden. Victor Hugo notierte einmal: «Nichts auf der Welt ist so mächtig wie eine Idee, deren Zeit gekommen ist.» Wie unheimlich wahr. Ich war an diesem 28. Oktober ihre (fixe) Idee, und kein Wort im Universum hätte sie davon abgebracht.

Nun, in dieser Nacht auf Tanna, direkt neben den schaumweiß sprühenden Wellen, hatte der Irrwitz zumindest etwas Beschwingtes. Niemand predigte Todsünden und Verdammnis, niemand wollte mit mir den Rest der Menschheit missionieren, niemand mit John, dem göttlichen GI, in den Krieg ziehen. Diese Nacht endete im Rausch und einer letzten Überraschung.

Nach Mitternacht – bis dahin war ich eben Gott und stand und saß unter meinem Volk, das fröhlicher und begeisterter nicht hätte sein können – machten wir uns auf den Weg zurück zur Lichtung. Kava time. Mir wurden nochmals vier randvolle Schalen angeboten, und ich fragte mich, ob ich unter Wildfremden je vergnügter war. Wohl nicht. Wohl nie wieder.

Hinterher führte mich Josef in sein Dorf, in meine Hütte. Wieder schaute er mir fest in die Augen und sagte «good night», mit einem Unterton, den ich erst Minuten später verstehen sollte. Denn dann klopfte es leise an meiner Tür und ohne zu warten, trat jemand ein. Eigenartigerweise fühlte ich keine Furcht. Der Schein der Kerze fiel auf eine Frau, die sogleich näher kam und sich an den Rand meiner Matratze setzte. Wie um mir alle Bedenken zu nehmen, ergriff sie meine rechte Hand und führte sie an ihren Körper, eindeutig ein Frauenkörper, ein fester, junger Frauenkörper. Ach, Josef, du Wundermensch. Gestern im Taxi hatte er angedeutet, dass die Gastfreundschaft auf Tanna keine Grenzen kenne. Als ich ihn fragte, was er damit meine, lächelte er. Wollte er mich mit dem Satz ködern? Um ja hierherzukommen. Ich weiß es nicht. Noch immer nicht.

Das wurde eine wunderliche Nacht. Das Mädchen fing zu erzählen an, mit lauter Wörtern, die ich nicht verstand. Flüsternd, ohne Unterlass. Als ich ahnte, warum, war es zu spät. Möglicherweise ängstigte sie die Vorstellung, sich dem auferstandenen John Frum hinzugeben. Vielleicht war alles anders, und sie wartete nur darauf, dass ich sie verführte. Auf jeden Fall hörte Manatu nicht auf zu sprechen. Mir kam die Geschichte von Scheherazade in den Sinn, die sich mit Hilfe von Märchen und Phantasie davongeredet hatte. Wie dem auch sei, ich, alias John, alias Gott oder Gottes Sohn, war volltrunken und fassungslos glücklich. Und völlig überfordert, jetzt als Mann aufzutreten. So legte ich meine Hand in ihre Mädchenhände und hörte zu: der Melodie einer Sprache, die in jeder Silbe ein Geheimnis barg. Bizarrerweise fiel mir eine Szene aus dem Film «Das Narrenschiff» ein, den ich vor langer Zeit gesehen hatte. Oskar Werner, der Schiffsarzt, verabreichte Simone Signoret, der Schlaflosen, eine Spritze. Eine bewegende, wunderbar gespielte Begegnung. Und in der Blechbude von Yaneumakel drang Manatus Wispern wie eine Droge in mein Blut. Sie war mein Arzt, sie war der Singsang einer Frau, die ein Kind in den Schlaf wiegte. Ein archetypisches Bild von Liebe und Fürsorge. Ein paar Minuten hielt ich noch durch, sogar ein Kichern gelang mir. Weil ich begriffen hatte, dass ich die letzten Kräfte mobilisierte, um das Glück nicht loszulassen. Verdammt, ich wollte nicht schlafen, nicht träumen, ich wollte wahnsinnig und glücklich sein.

**Sucht nach Leben
Geschichten von unterwegs**

Dieser Mann war schon überall, und überall erlebt er was. Andreas Altmann geht mit einer Geisha essen, spielt mal den Sünder im amerikanischen Bibel-TV, mal Gott auf einer Südseeinsel.
rororo 25429

**Die Reiseberichte von Andreas Altmann
«Wenn es einen deutschen Reiseschriftsteller vom Kaliber eines Bruce Chatwin gibt, ist das Andreas Altmann» (Die Welt)**

**Im Land der Regenbogenschlange
Unterwegs in Australien**

Drei Monate. Ein Kontinent. 25 000 Kilometer. Andreas Altmann startet in Sydney und kommt nach einem Vierteljahr dort wieder an. Mit einem Ranzen voller Storys vom fünften Kontinent. Von Männern und Frauen, Amazonen und Aborigines, Boxern und Millionenerben.
rororo 25317

**Reise durch einen einsamen Kontinent
Unterwegs in Kolumbien, Ecuador, Peru, Bolivien und Chile**

Andreas Altmann destilliert aus außergewöhnlichen Lebensgeschichten ein unsentimentales Porträt des heutigen Südamerika und zeigt, dass Gier und Zerstörung nur eine Handbreit von Barmherzigkeit und Liebe entfernt sind.
rororo 24821

Weitere Informationen in der Rowohlt Revue *oder unter* www.rororo.de

**Bernhard Hoëcker &
Tobias Zimmermann
Meilenweit für kein Kamel**
Eine ungewöhnliche Reise vom Allgäu in den Orient

Das Ziel: Amman. Der Siegpreis: ein Kamel. Die Strecke: Nebenrouten, Staubpisten, Pampa. Ein Abenteuerbericht voll witziger Begebenheiten, absurdem Wissen und skurriler Impressionen. rororo 62639

Reisen ist, wenn man trotzdem lacht

**Dietmar Bittrich
1000 Orte, die man knicken kann**

Man muss nicht in New York gewesen sein. Auch nicht in Rio, auf den Seychellen oder in Prag. Mit frechem Charme erzählt Dietmar Bittrich, welche Highlights man ganz entspannt streichen kann – und anschließend trotzdem fachkundig darüber redet. rororo 62626

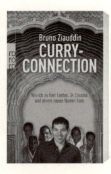

**Bruno Ziauddin
Curry-Connection**
Wie ich zu fünf Tanten, 34 Cousins und einem neuen Namen kam

Bruno Ziauddin begibt sich auf eine Reise, die sich als die absurdeste, schönste, aufreibendste und berührendste seines Lebens herausstellen soll. Eine ebenso kluge wie komische Spurensuche in Zeiten der Globalisierung. rororo 62548

Weitere Informationen in der Rowohlt Revue *oder unter* www.rororo.de

Wolfgang Büscher
Berlin–Moskau
Eine Reise zu Fuß

«Dieses Buch hat gute Aussichten, einmal zu den Klassikern der Reiseliteratur zu zählen – noch vor Bruce Chatwins Büchern.» (Südd. Zeitung)
«Reiseerfahrungen, die zum Besten gehören, was in den letzten Jahren in deutscher Sprache erschienen ist.» (Der Spiegel) rororo 23677

Reiseliteratur bei rororo:
Der Weg ist das Ziel

Helge Timmerberg
Shiva Moon
Eine Reise durch Indien
Der Ganges ist Indiens Schicksalsstom: Helge Timmerberg ist ihm gefolgt – von der Quelle im Himalaya bis zum Delta. Mit Kraft, Witz und Klarsicht erzählt er von Gottheiten, Heuchlern, Bettlern und schönen Geisterheilerinnen, von Rausch und Nüchternheit – ein hinreißendes Porträt.
rororo 62118

Klaus Bednarz
Am Ende der Welt
Eine Reise durch Feuerland
und Patagonien
Diese Landschaften haben immer wieder Menschen aus aller Welt in ihren Bann gezogen – mit ihrer endlos weiten Pampa, den Fjorden und Kanälen, Gebirgen und schroffen Küsten.
rororo 61942

Weitere Informationen in der Rowohlt Revue oder unter www.rororo.de

Im Trainingscamp des inneren Friedens*

Andreas Altmann
Triffst du Buddha, töte ihn!
Ein Selbstversuch

256 Seiten
Gebunden

*Eine Auszeit im indischen Kloster. Strengste Regeln. Altmann nimmt die Herausforderung an.

www.dumont-buchverlag.de **DUMONT**